천사골퍼 악마골퍼

그린 위에서 매너와 싱글을 한 방에 잡아라!

천사골퍼
악마골퍼

정현권 김명선 지음

서문

토요일이면 아침 6시 나의 하루가 시작된다. 바로 그 시간 〈매일경제〉와 포털에 올린 골프칼럼을 SNS로 지인들에게 보낸다. '라이프&골프'란 제목으로 〈매일경제 프리미엄〉 온라인 뉴스에 내가 연재하는 칼럼이다. 직장동료, 학교 동창, 친구, 동호회 멤버와 사회생활을 하며 만난 지인들에게 꼬박꼬박 전한다. 외국에 이민을 갔거나 주재원으로 근무하는 친구도 빠뜨리지 않는다. 주말마다 되풀이되는 이 작업이 3년을 넘겼다.

그 주에 있었던 골프에 얽힌 이야기를 지인들과 나누려는 마음에 시작했는데 벌써 150회가 지났다. 지인들이 들려주는 다양한 골프 경험과 생각도 칼럼 소재가 된다. 시냇물이 강을 이뤄

바다로 가듯 처음 기고로 시작했다가 곧 칼럼 연재로 이어졌다. 주위의 권고도 더해지고 급기야 더 많은 골프 애호가와 공유하고픈 마음이 용기를 부추겨 이번에 책으로 나오게 됐다. 언론사에 근무할 때 동료들과 《주말골프 10타 줄이기》라는 책으로 얻은 호응도 출간에 한몫했다. 이 책은 한마디로 골프 문화와 매너, 레슨을 다룬 인문 교양서다.

아마추어 골퍼들이 코스에서 맞닥뜨리는 숱한 일화, 매너, 심리, 게임, 룰, 장비, 복장, 내기, 음식, 카풀, 레슨 등을 수필 형태로 터치했다. 기존 칼럼 가운데 시점이 지났거나 보완이 필요한 사례들은 새로 교체하고 표현과 내용도 수정했다. 골프도 사람의 일이라 골프 자체보다는 동반자들의 행위에 감동받거나 때론 상처를 입는다. 매너와 룰 준수를 비중 있게 다룬 이유다. 골프는 개인 종목이자 동시에 단체 종목이다. 골프 매너는 실력과 상관없다는 말이 있다. 골프 초보뿐만 아니라 고수도 매너를 명심해야 한다는 뜻이다. 책에서도 골프를 중심으로 펼쳐지는 매너와 다양한 인간관계에 초점을 맞췄다.

칼럼과 책을 만드는 과정에서 가장 힘든 부분은 역시 소재 선택이었다. 주위에서 소개 고갈을 걱정하기도 했다. 시간이 지나면서 이런 우려는 사라졌다. 골프는 필드뿐만 아니라 식사, 술자리, 여행 등 시간과 장소를 불문하고 무궁무진하게 이야기꽃을 피우게 하는 마력이 있다.

여기에다 골프를 다양한 각도와 관점에서 바라보는 눈도 생겼다. 만나는 사람마다 골프에서 받은 감동, 흥분, 보람, 상처, 슬픔을 소재로 제공한다. 교수, 프로선수, 정신과 의사, 심리학자, 기업가, 교습가, 역사 속 인물의 멘트를 빌어 나의 부족함을 메웠다. 때론 문학 작품과 명언에서 영감을 얻었다. 독자들의 골프 레슨 갈증을 풀어주기 위해선 한국체육대학교 김명선 특임교수가 중간중간 알기 쉬운 레슨을 실었다. 초보도 쉽게 이해하도록 번호로 순서를 매겨 안내했다.

개인적으로 골프는 중년 이후 나의 삶에 큰 변화를 가져왔다. 소재를 찾으려면 현장인 골프장에 가야만 한다. 자연스레 지인들과 친목을 다지고 건강도 챙기게 된다. 글 쓰는 사람이 너무 형편없는 스코어를 낸다는 뒷담화를 듣지 않으려고 일과 후에는 매일 1시간 동네연습장을 찾는다. 사우나를 끝내고 귀가하는 일상이 이젠 나만의 소확행이 됐다.

나에게 글쓰기는 정신근육을 키우는 일이다. 사물을 통찰하고 나를 성찰하게 만든다. 때론 고통에 맞서는 일이기도 하지만 완성되면 내면의 충만함이 파도처럼 번진다. 여러 사정으로 만나기 힘든 지인들에게 골프칼럼으로 안부를 전할 수 있어 행복하다. 물론 골프를 이해하는 사람에 한해서다. 엄혹한 코로나 시대에 연을 맺은 많은 분을 만날 수는 없지만, 골프 이야기를 공유하며 우정과 추억을 되살린다.

적재적소에 멘트를 달아주신 한국체육대학교 오재근 운동건강관리학과 교수님과 박영민 골프부 지도학과 교수님, 현정신과의원 김기현 원장님, 한국대중골프장협회 김태영 부회장님, 조용국 한의학 박사님은 이 책의 훌륭한 멘토다. 그분들 덕분에 스토리가 풍성해졌다. 무엇보다 〈매일경제 프리미엄〉 뉴스를 통해 인기 골프칼럼으로 자리 잡게 하고 출판 기회까지 주신 장대환 회장님께 깊은 감사를 드린다.

빠짐없이 읽고 고견을 보내주신 PPI PIPE 이종호 회장님, 그리고 사랑하는 나의 아내에게도 감사한 마음 전한다.

CONTENTS

PART 1
골프는 중독이다

PART 2
골프는 자신과의 전쟁

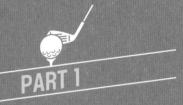

PART 1

골프는
중독이다

골프를 사랑한 사람들

"선생님, 그런데 골프는 계속할 수 있습니까?"

조그만 기업을 경영하는 고향 후배가 과로로 쓰러져 병원에 입원하고 얼마 뒤 깨어나 의사에게 한 첫마디였다. 눈이 휘둥그레진 의사는 "지금 골프가 문제냐"고 말하면서 혼쭐을 냈다고 한다. 골프는 그에게 경영 스트레스를 푸는 소염진통제다. 얼마나 골프에 빠졌는지 급기야 최근 업종과는 전혀 다른 골프 퍼터 사업에 진출했다.

"나는 실패를 받아들일 수 있지만, 도전하지 않는 것은 받아들일 수 없다."(마이클 조던)

스포츠 스타 가운데 골프에 관한 한 조던만큼 열정적인 사람도 드물다. 그는 미국프로농구 NBA 현역 시절 MVP 5회, 파이널 MVP 6회, 득점왕 10회로 불세출의 농구영웅으로 남아 있다. 국내외 언론에 간혹 소개되기는 했지만, 그의 골프 사랑은 상상을 초월한다. 현역 때는 물론, 은퇴 후에도 숱한 일화를 남겼다.

1988년 소속팀 시카고 불스 우승과 함께 MVP로 확정된 후 시상식날 1,400㎞를 달려 노스캐롤라이나 파인허스트 골프장에서 36홀을 돌았다고 전해진다. 이듬해에도 마지막 경기를 치르고 시카고 홈구장에서 밤새 차를 몰고 파인허스트로 달려가 새벽부터 골프를 했다. 현역임에도 얼마나 골프에 빠졌는지 1989년 미국골프광협회에서 '올해의 골프광'으로 뽑혔다. 바르셀로나 올림픽 때는 미국 농구대표로 출전한 와중에 골프 타짜에게 걸려 125만 달러를 날렸다는 일화도 있다.

명사들을 초청해 자기 이름으로 골프대회를 열고 골프연습장에서 타이거 우즈를 포함해 지인 2,000여 명을 모아놓고 재혼식까지 올렸다. 은퇴 후에는 어니 엘스, 루크 도널드 등과 라운드를 즐겼다.

타이거 우즈가 극심한 슬럼프에 빠졌을 당시 찾아가서 위로하고 격려하는 등 당시 두 스포츠 영웅의 만남은 큰 화제가 됐나. 미국 스포츠비즈니스 매체인 〈스포르디고〉에 따르면 2021년

골프에 빠지는 이유는 몰입과 집중력을 즐기기 때문이다.

조던은 통산 26억 2,000만 달러, 우즈는 21억 달러로 스포츠 스타 1위와 2위 수입을 올렸다.

마스터스에서 우승했던 미국 골프 에이스 조던 스피스의 이름도 존경하는 마이클 조던에서 따왔다는 이야기가 있다. 조던의 골프 사랑은 급기야 플로리다주 호비사운드에 그로브23이라는 이름의 초호화 전용 골프장 건설로 이어졌다. 23은 현역 시절 조던의 등번호이며 이 골프장은 100명 이내 특별회원만 출입이 가능하다.

"백구백상白球百想, 흰 공을 보면 백 가지 상념이 든다."

2018년 6월, 92세로 작고한 김종필 전 국무총리의 골프 사랑도 골프계에선 아주 유명하다. 박정희 전 대통령의 공직자 골프 금지령에 아무도 토를 달지 못하자, 결국 JP가 나서서 철회시켰다고 한다. 관악CC를 갈아엎고 흩어진 서울대 캠퍼스를 현재의 서울대 자리로 모으는 대신 지금의 리베라CC로 이전시킨 주역도 JP다. 1990년대 3당 합당 당시 노태우, 김영삼, 김종필 세 명의 골프회동이 언론에 사진으로 보도되기도 했다. JP가 주선한 이 날 회동에서 김 전 대통령이 클럽을 휘두른 후 엉덩방아를 찧는 장면이 실려 화제가 됐다.

골프광 JP는 2008년 83번째 생일을 앞두고 50여 닌 잡았딘 골프채를 놓게 된다. 뇌경색으로 쓰러진 것이다. 며칠 전 뉴코리아골프장에서 고향 사람들과 라운드 후 반가운 마음에 술잔을 많이 주고받은 게 화근이었다. 하지만 그로부터 7년 후인 JP가 뉴코리아에 다시 나타났다. 이번에는 일반 카트가 아닌 장애인용 특수 전동카트를 타고 등장했다.

오른쪽 팔다리를 못 쓰는 구순의 노정객은 회원들이 모두 지나간 다음 1번홀에서 왼팔과 왼다리에 의존해 고별 라운드를 했다고 골프계는 전했다. 힘겹게 티샷을 하고 첫 홀에서만 1시간가량 라운드 후 골프 인생을 마감했다.

JP는 골프와 관련한 숱한 유머와 명언도 만들었다. "골프는 걸어서 다닐 힘만 있어도 할 수 있다.""홀인원 세 번 이상 하면 죽습니다. 그만 하세요." 그가 2000년 가을에 썼다고 전해지는 '백구백상'은 내가 가장 좋아하는 골프 명언으로 절창이다. 언어의 묘미를 절묘하게 살린 이 사자성어는 한 편의 시다. 이 휘호는 일본 오이타현 퍼시픽블루골프장에 걸려 있다고 한다.

일반인 중에도 수많은 골프 마니아의 행적이 전해진다. 이상현 캘러웨이코리아 대표가 골프를 너무나 사랑했던 부친을 위해 평소 아끼던 퍼터를 손에 쥐어드린 채 장례를 치른 일화는 유명하다. 스트레스를 받으실까 봐 공은 넣지 않았다고 한다.

골프 애호가였던 한 대기업 회장도 평소 자주 찾았던 이스트밸리골프장 로고의 모자와 공을 함께 넣어 장례를 치렀다고 한다. 인천의 한 골프장 대표의 부인은 죽으면 유골을 골프장에 뿌려달라는 유언을 남겼다는 이야기도 전해진다.

연예인으로는 개그맨 김국진이 각종 예능상을 휩쓸며 전성기를 구가하던 중 1999년 돌연 방송을 중단하고 프로골퍼에 도전했다. 이후 15차례나 프로 테스트에 떨어지고 골프의류 사업에 손을 댔다가 시련을 겪기도 했다. 전문캐디 교육도 받을 정도로 골프에 대한 애정이 남다른 그는 결국 본업으로 돌아와 현재 왕성한 방송 활동을 하고 있다. 지금도 아마추어 최고 실력을 보유하고 있다.

〈희야〉, 〈네버엔딩스토리〉 등으로 유명한 가수 이승철도 빼놓을 수 없다. 30년 넘는 구력의 이승철은 몇년 전까지만 해도 핸디 4로 드라이버 티샷 비거리 270야드의 장타자였다. 골프에 빠진 나머지 디아만테Diamante 라는 브랜드로 골프공 사업에 진출하기도 했다. '디아만테'는 다이아몬드를 뜻하는 이탈리아어다. 그는 마스터스 파3 콘테스트와 2017년 매경오픈에서 의형제까지 맺은 양용은 선수의 캐디를 맡기도 했다.

경기도 용인 레이크사이드 골프장에서 캐디에게 어느 골프장

이야기를 들은 적 있다. 주말, 그리고 눈비가 오는 날만 빼고 매일 골프를 하러 오는 고객으로 한 달 결제 금액이 1,000만 원에 달한다고 했다.

필자는 2009년 6월 군산CC에서 열린 세계기네스골프대회에 참가한 적 있다. 골프마라톤으로 불리는 이 대회는 하루에 75홀을 도는데 400여 명이 출전했다. 이날 60대 여성이 마지막 홀을 돌고 들어와 박수갈채를 받았다. 새벽 5시부터 저녁 6시 30분까지 13시간 30분 동안 쉬지 않고 골프를 한 것이다.

골프처럼 남녀노소 불문하고 폭넓은 마니아층을 형성하는 스포츠도 없다. 골프가 왜 사람들을 이렇게 만드는가. 바로 몰입 때문이다. 몰입이 무엇인가. 톨스토이 소설 《안나 카레니나》에 나오는 주인공 레빈의 풀베기 장면은 몰입에 관한 최고의 묘사다.

톨스토이는 주인공이 풀을 벨수록 망각의 순간을 더 자주 느끼면서 어느덧 손이 낫을 휘두르는 것이 아니라 낫 자체가 생명으로 충만한 그의 몸을 움직인다고 상상했다. 끊임없이 스스로를 의식하는 그의 몸을 움직이는 합일의 경지로 풀베기를 끌어올렸다. 일에 대해 아무 생각 없이도 마법에 걸린 마냥 절로 정확하고 시원스럽게 진행됐다. 톨스토이는 바로 그 순간을 주인공의 가장 행복한 모습으로 그렸다.

"얼마나 시간이 지났는지 몰랐고 누군가 그에게 몇 시간이나 풀을 베었느냐고 물으면 그는 30분 정도라고 답했을 것이다. 하지만 시간은 어느새 점심때가 돼 있었다"는 문장으로 끝난다.

김교수의 그립 정석

최경주는 기자회견이나 프로암 대회에 참가한 아마추어들이 골프 조언을 구하면 항상 그립의 중요성을 말한다. 한정된 시간에 풀어서 레슨을 해줄 수도 없어 가장 기본적이고 본질적인 것을 단시간에 알려주려는 의도다.

그냥 추상적이고 개념적인 게 아니라 건축으로 치면 기초 공사, 바둑에선 포석으로 생각하면 된다. 그만큼 그립이 스윙과 임팩트에 지대한 영향을 미친다.

❶ 그립은 손바닥이 아닌 손가락으로 주도해야 한다.
❷ 손에 힘이 빠져야 하지만 손목에도 힘이 빠져야 한다.
❸ 헤드 무게가 느껴져야 그립을 올바르게 잡은 것이다.
❹ 그립의 모양은 프로들과 같아야 한다.

그립은 골프채를 잘 다룰 수 있는 기초 동작으로 어떤 클럽을 잡더라도 헤드 무게를 잘 느낄 때 올바르게 그립을 잡은 것이다.

손 모아 헤드 무게 느끼는 편한 그립.

우즈도 벌벌 떠는
첫 티샷

"버려진 섬마다 꽃이 피었다."

김훈의 소설《칼의 노래》첫 문장이다. 이 문장은 글쓰기를 배우는 사람은 물론 내가 늘 새기는 첫 문장의 백미로 꼽힌다. 작가 본인도 첫 문장을 뽑느라 일주일 동안 담배만 피워댔다고 뒷날 회고했다.

"엄마가 집을 나간 지 일주일이 지났다."

작가 신경숙은 책《엄마를 부탁해》첫 문장을 이렇게 시작했다. 호기심을 자극하는 강력한 흡인력으로 독자를 붙잡는 마력이 있다. 신경숙은 이 문장을 완성하자 글이 줄줄 쓰였다고 한다. 골프도 티샷이 가장 어렵다. 첫 티샷을 하려고 티잉 구역에 올라서면 설렘과 그것을 방해하는 불안감이 묘하게 교차한다.

100m 육상에서 스타트를 끊는 것처럼 경기의 초석이기에 호흡과 맥박이 가빠진다. 심리적 공포 지수가 엄청나다. 티샷한 공이 경쾌한 타구음을 내며 페어웨이를 가로질러가면 그렇게 시원할 수가 없다. 해방감이다.

우즈! 우즈! 타이거 우즈!

2019년 2월, 멕시코챔피언십에서 첫 티샷을 위해 티잉 구역에 오른 타이거 우즈를 아나운서가 열정적으로 소개했다. 환호하는 수많은 팬에게 미소로 답한 우즈가 드라이버 대신 3번 우드로 자세를 잡자 순간 조용해졌다. 티를 떠나 총알처럼 날아간 공이 긴 포물선을 그리며 왼쪽 OB Out of Bounds 구역으로 날아가자 관중들은 아연실색했다. 골프황제에게선 좀처럼 찾아보기 드문 장면이었다.

프로선수도 첫 티샷 공포를 느낀다. 살아 있는 골프의 전설 잭 니클라우스도 1991년 US오픈에서 엄청난 훅을 내 갤러리를 놀라게 했다. 1996년 미국 켄터키주 루이빌에서 열린 PGA챔피언십에서 선두로 나선 이 지역 출신 코크란은 역대급 악성 티샷을 날린 것으로 전해진다. 첫 홀에서 4번 우드로 공을 머리 높이만큼도 띄우지 못하는 이른바 뱀샷을 날렸다. 아마추어들이 이른 아침 골프장에서 흔히 연출하는 장면이다. 갤러리들이 여태 그렇게 빠른 스윙을 본 적이 없다고 평했을 정도다. 열광하는 고향 사람들 앞에서 그가 얼마나 긴장했는지 알 수 있다.

첫 티샷을 잘하는 방법과 관련해선 많은 레슨이 있다. 하지만 교습가들은 하나같이 잘하는 것보다 무난한 게 최고라고 입을 모은다. 일단 티잉 구역을 잘 활용할 것을 주문한다. 교습가들은 페어웨이 오른쪽이 무서우면 오른쪽, 왼쪽이 무서우면 왼쪽에 티를 꽂을 것을 추천한다. 가령 페어웨이 오른쪽이 무섭다면 페어웨이의 반을 잘라 오른쪽은 없다고 생각하고 샷을 하면 집중도가 높아진다고 한다.

이보다 더 중요한 게 티잉 구역의 평평한 곳에 티를 꽂는 것. 교습가들에 따르면 왼쪽에 티를 꽂아야 할 상황인데도 오른쪽이 기울지 않고 더 평평하다면 그쪽을 택해야 한다고 강조한다. 또 첫 티샷 때 몸의 각도를 약간 높여 셋업하고 가볍게 드라이버를 휘두른다.

연습 스윙을 많이 해도 몸이 긴장되고 호흡이 가빠져 오히려 역효과가 나타날 수 있다고 교습가들은 지적한다. 편안하게 하프 스윙으로 몸의 긴장을 풀고 헤드 무게를 느끼는 게 중요하다고 조언한다.

그리고 첫 티샷 전 과도한 연습 스윙을 경계한다. 홀을 바라보며 하는 빈 스윙은 어깨를 긴장시키고 클럽을 쥔 손에 힘이 들어가게 한다. 첫 티샷에 훅이나 슬라이스 구질이 나오는 것은 이 때문이라고 교습가들은 설명한다.

그리고 티샷하기 전 공을 바로 맞히는 데 집중하라고 조언한다. 처음부터 내지를 것을 강조하는 사람도 있는데, 장타보다 정타에 신경 쓰는 것이 중요하다. 이후 백스윙을 시작할 때는 30㎝ 정도 느리게 클럽을 뒤로 가져간다.

교습가들은 절대 빠르게 스윙하지 말 것을 강조한다. 긴장감에서 빨리 벗어나려고 스윙을 서두르기 쉽기 때문이다. 정리하면 천천히 백스윙하고 임팩트 전후로 머리를 들지 말고 반드시 공에 시선을 고정하면 무난하게 티샷할 수 있다는 것.

단신이면서도 장타를 구사했던 한 프로골퍼는 스윙은 천천히, 눈은 끝까지 공에서 떼지 않는 것이 첫 티샷의 관건이라고 밝혔다. 주말 골퍼 대부분이 잔뜩 긴장하고 번개치듯 급하게 스윙하니 눈에 공이 보이지 않는다고 지적한다.

좀 더 고수들을 위한 전문가 레슨도 있다. 세계 100대 교습가였던 톰 스틱니는 다운스윙 때 몸의 회전속도는 낮출지라도 임팩트 지점을 통과할 때까지 회전은 계속해야 한다고 주문했다.

첫 티샷은 장타보다 페어웨이에 공을 안착시키면 무난하다.

그래야 클럽이 손을 앞질러 나가지 않고 체중이 왼쪽에 실리면서 공은 바로 나가고 완벽한 피니시 자세가 나온다고 한다.

임팩트 지점을 통과할 때 클럽을 인위적으로 조절하기 위해 스윙을 팔과 손으로만 구사하면 곤란하다고 말했다. 그렇게 되면 다운스윙 때 몸의 회전동작을 감소시켜 헤드가 양손을 앞질러 나가면서 볼을 왼쪽으로 보내게 된다. 역으로 페이스가 열려 있으면 슬라이스가 나비린다.

골프광 JP가 생전에 남긴 '백구백상'이란 사자성어는 첫 티샷의 심리를 절묘하게 묘사했다. 누구나 첫 티샷에 대한 이런 심리적 압박 때문에 먼저 치기를 꺼린다. 이래서 나온 것이 순서뽑기다.

나는 첫 티샷을 하면서 단순하고 깔끔하게 스윙하는 골퍼를 보면 참 부럽다. '칼을 빼자 햇빛이 튕겨져 나갔다'는 김훈의 글이 생각난다. 단순함에서 나오는 그 강인함의 원천은 뭘까.

하지만 단순하게 되기까지 그가 견뎌낸 숱한 시행착오와 연습을 생각하면서 이내 욕심이란 걸 알아차린다. 대신 뇌리에 이런 자막이 떠오른다. '단순함은 오랜 수련과 인내를 거쳐 도달한 더 이상 바랄 것이 없는 완벽한 상태.'

김교수의 어드레스 셋업

살아 있는 '골프의 전설' 잭 니클라우스는 "골프란 멘털 50%, 셋업 40%, 나머지 10%가 스윙"이라는 명언을 남겼다. 연습량이 적은 아마추어는 보통 거꾸로 생각하지만 고수일수록 이 말을 절대로 실감한다.

셋업은 자기 순서에 티잉 구역에 올라 에이밍, 그립 잡기, 연습 스윙, 스탠스 등의 사전 루틴(Routine, 준비과정)을 말한다. 사격, 양궁, 야구, 육상 등에는 고도의 정신집중이 요구되는데 그중에서도 골프가 단연 압권이다.

1. 클럽 헤드를 타깃에 정확히 에이밍(Aiming, 겨냥) 한다.
2. 에이밍한 상태의 골프채 모양을 유지해서 그립을 잡는다.
3. 에이밍하고, 그립 잡고, 스탠스 취하는 얼라이먼트(alignment, 정렬)의 순서를 반드시 지킨다.
4. 어드레스 셋업의 순서를 프로들의 루틴과 동일하게 따라 한다.

어떤 클럽을 적용하던 올바른 루틴으로 티잉 구역에서 셋업을 잘 해야 공을 원하는 대로 보낼 수 있다. 연습장에서 공 100개 날리는 것보다 셋업 연습을 하는 게 더 중요할 지 모른다. 이런 셋업 과정을 밟으면서 연습하도록 한다.

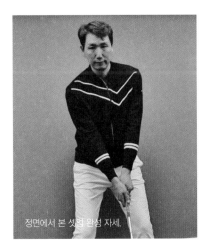

정면에서 본 셋업 완성 자세.

내기 골프에서
만 원의 가치는?

매출 3,000억 원대의 탄탄한 중견기업을 운영하는 60대 후반 P회장. 자동차 부품 사업 경력 30년 동안 숱한 부도 위기를 넘긴 백전노장이지만 그도 간혹 이성을 잃을 때가 있다. 결정적으로 승부수를 띄워야 할 타이밍에 냉철한 분석으로 절대 균형감각이 흐트러지지 않는 그의 모습을 찾을 수 없는 곳이 어딜까.

바로 골프장 그린에서다. 지인들과 경기도 가평 근처 골프장에서 스킨상금 3만 원이 걸린 홀에서 50cm 짧은 퍼팅을 아깝게 놓쳐 며칠 동안 분을 삭이지 못하고 끙끙 앓았다. 사업하면서 웬만한 난관에도 의연히 대처하고 직원들에겐 엄하면서도 자상하고 포용력 있는 리더였던 그에게 왜 이런 모습이 나오는 걸까.

그에게 문제가 있는 걸까, 아니면 골프의 속성인가.

골프장에서 감정 기복은 성적에도 달려 있지만 내기가 걸리면 더 증폭된다. 과연 골프장에서 1만 원의 가치는 어느 정도일까. 예전 필자가 언론사 골프 담당으로 근무할 무렵 주요 기업 임원 30명을 대상으로 설문조사를 한 적 있다. 그 결과 내기 골프에서 1만 원은 20만 원 정도의 체감가치를 지닌 것으로 나타났다.

흥미로운 설문조사여서 지금도 그 결과를 잊지 않고 있다. 20만 원 정도 가치가 있다고 응답한 임원은 60%인 18명에 달했고, 40만 원 이상 3명, 30만 원 3명, 10만 원 6명 순이었다. 필자 친구인 중견 회계법인 대표는 골프에서 내기가 걸리면 1만 원이 액면 그대로 1만 원이 아니라고 말한다. 자존심과 승부욕이 걸려 순간적인 체감가치는 10만 원을 훨씬 웃돈다고 설명한다. 싱글 핸디 캐퍼인 한의사 친구는 5만 원씩 내고 스킨스 게임에서 한 번도 따지 못했다면 1만 원은 20만 원 이상의 가치가 있다고 주장한다. 돈을 따지 못할수록 체감가치는 더 높아진다.

특히 짧은 퍼팅을 놓쳐 상금을 챙기지 못하면 자책감과 허탈함이 어우러져 1만 원의 순간 체감가치는 100만 원까지 상향한다고 한다. 감정이 돈의 가치에 견이디는 현상이다.

그린에서 짧은 퍼트를 백중시키는 사람이 진정한 내기 강자다.

아이러니컬하게도 골프 고수들이 라운드에서 1만 원의 가치
를 더 높게 평가하는 경향이 있어 눈길을 끌었다. 설문에서 핸디
캡 10 이하 고수 14명 가운데 12명이 20만 원 이상(30만·40만 원
포함)으로 답했다.

골프를 즐기는 한 경제학과 교수에 따르면, 내기 골프는 일반 경제학에다 기회비용과 효용이론이 적용된다고 설명한다. 액면 가치 1만 원에 기회비용이 추가되고 주관적인 요소마저 가미돼 체감가치는 훨씬 커진다는 것이다.

기회비용으로 계산하면 다양한 변수가 존재한다. 우선 차에서 보내는 시간을 포함해 10시간 정도 소요되는 시간적 가치가 고려된다. 여기에다 휴일에 휴식을 포기한 대가 등 다양한 요소를 감안하면 내기 골프에서 1만 원은 대략 5만~10만 원에 해당한다. 막상 내기에 돌입하면 상대방과의 경쟁 요소에다 실수했을 때 비교열위에 따른 자존심 상처와 허탈감 등 주관적인 요소가 개입돼 1만 원의 가치는 다시 높아진다.

만약 5만 원씩 거둬 20만 원이 걸린 스킨스 게임에서 처음 1만 원을 챙겼다면 5%에 불과하다. 하지만 후반으로 갈수록 전체 상금이 작아져 같은 액면가라도 1만 원의 체감가치는 증폭된다. 판돈이 5만 원 남았을 때 1만 원의 상대적 가치는 20%로 올라간다. 골프심리학에 따르면 내기 골프 특성이 돈의 체감가치를 높인다고 한다. 이런 특성에다 개인 성향도 돈의 주관적인 가치를 좌우한다.

골프는 보통 사회적으로 성공한 사람이 많이 즐기는데, 이를

은 마이어 프리드먼의 성격 구분상 타입A의 특성을 지닌다. 최고경영자에게 주로 해당되는 타입A는 다혈질인 데다 공격적이어서 경쟁에서 지면 자존심에 큰 상처를 입어 분을 못 삭인다. 반대로 타입B의 유순한 성질을 타고난 골퍼들에게 1만 원 가치는 그저 재미에 불과해 대비된다. 나는 내기가 흥미를 유발하는 요소에 불과할 뿐 골프의 전부는 아니라고 생각한다.

그렇다 할지라도 첫 홀부터 마지막 홀까지 한 번도 상금을 만지지 못한데도 평정심을 유지한다면 도사나 다름없다. 천 원짜리가 걸린 내기라도 처음부터 끝까지 퍼주기만 하면 심한 열패감에 휩싸인다.

중도에 포기를 선언하고 내기에서 빠져나와도 되지만 이 또한 자존심이 허락하지 않는다. 특히 사업하는 사람은 소심하다는 평가를 듣기 싫어한 나머지 억지로 끌려가기도 한다. 생전에 골프를 즐겼던 이병철 삼성 회장도 1만 원을 갖고 동반자들과 옥신각신했다는 일화가 있다. 내기 골프에서 1만 원은 그냥 1만 원이 아니다.

김교수의 일관된 백스윙

백스윙은 어드레스를 취한 상태에서 몸통을 돌리면서 클럽을 뒤로 가져가는 과정을 말한다. 백스윙 직전에 클럽헤드를 흔들어주는 왜글(waggle)로 손목과 어깨의 긴장감을 풀어준다.

❶ 어드레스 셋업를 취한 어깨와 팔 모양의 삼각형을 그대로 유지하면서 백스윙을 시작한다.

❷ 어떤 클럽을 사용하더라도 처음 30㎝ 정도 백스윙할 때의 속도가 일관되게 백스윙 톱에 이를 때까지 유지되도록 한다.

❸ 스텝(step)을 이용해 하체 주도로 상체 꼬임과 움직임을 리드한다.

❹ 하체는 두고 상체만 뒤로 가져가면 스웨이(sway)가 되고 팔로만 백스윙 땐 공을 엎어치거나 깎아 쳐 악성 훅과 슬라이스로 연결된다.

올바른 백스윙을 했다면 체중 이동이 잘 된 것으로 볼 수 있다.

두 팔로 삼각형 유지해 백스윙.

진짜 부부?
주말 부부골퍼는 살벌했다

"남편이 생각보다 또박또박 잘 봐주더라고요."

2020년 7월, 제주 삼다수 마스터스 1라운드를 마친 후 남편을 캐디로 대동한 박인비가 기자들에게 답한 소감이다. 박인비는 특유의 은은한 미소를 담아 늘 단문으로 답한다. 인터뷰할 때마다 짧은 소감에 늘 남편에 대한 깊은 애정과 고마움이 묻어난다. 박인비는 2007년부터 호흡을 맞춘 브래드 비처(호주)가 코로나 바이러스에 감염돼 이날 남편 남기혁 씨에게 백을 맡겼다. 박인비를 보면, 골프는 가정에서 나온다는 생각마저 든다.

얼마 전 용인 화산CC에서 초면인 부부 한 쌍과 팀을 이뤄 골프를 했다. 웬만한 명문 골프장은 다 가봤지만 그 골프장은 처음이었다. 골프장 회원인 부부는 자기들 방식으로 내기를 했고 나는 다른 동반자인 친구와 따로 게임을 했다. 홀을 거듭할수록 그 부부의 내기를 지켜보는 게 흥미로웠다.

공이 패널티 구역으로 들어가면 엄격하게 룰을 적용하고 그린에서 끝까지 퍼팅에다 멀리건도 없었다. 별로 말도 없어 긴장감이 돌면서 흥미를 유발시켰다. 낼모레 이혼할 사람들처럼 너무 살벌해 진짜 부부 맞느냐는 물음에 자기들은 오래부터 이렇게 치니까 걱정 안 해도 된다는 답변이 돌아왔다. 게임은 진지했지만 공을 함께 찾는 등 다른 부분에선 서로를 배려했다. 카트 대신 대부분 홀을 부부가 나란히 걷는 모습도 인상적이었다. 부부는 90대 안팎으로 정확하게 스코어를 적고 경기를 마쳤다. 인근 맛집에서 수육과 막국수를 먹으면서 골프 추억담과 유머를 이야기하며 하루 일정을 마무리했다. 훈훈한 분위기가 좋았다.

골프 잉꼬 커플을 로망으로 여기는 사람이 많다. 가장 큰 애로는 아내를 골프에 입문시키는 문턱이 생각보다 높다는 점이다. 우선 기본 레슨을 3~6개월 정도 받는데 이 과정을 지루해하며 포기한다. 레슨을 거쳐 필드에 나가더라도 바로 적응하지 못한다. 쉴 새 없이 공을 잃어버리고 점수는 카운트 불능이다. 급기야 수변에 민폐를 끼친다는 생각에 아내 마음이 위축된다. 몇 번 이

과정을 거치게 되면 결국 중도 포기한다. 걷는 게 힘들다거나 햇볕에 탄다느니, 적성에 맞지 않는다는 등의 이유로 하차한다. 클럽, 캐디백, 가방, 옷, 신발 등 새로 산 골프용품들이 창고에서 묵게 된다. 김기현 현정신과의원 원장은 간혹 공이 뜨기만 하면 남편은 굿샷만 외쳐주고, 레슨은 교습가에게 맡기라고 조언한다. 너무 자주, 그리고 딱딱하게 가르치면 자존감이 떨어져 흥미를 상실하기 때문이다. 김 원장은 골프는 어려운 운동이므로 인내하면서 칭찬으로 동기를 유발하는 게 중요하다고 강조한다. 부부라도 다른 사람 앞에선 더 배려하는 자세가 요구된다.

골프에 입문하기 전 아내에게 옷부터 사주고 시작한 사람도 있고 비싼 클럽을 선물로 내미는 케이스도 있다. 레슨 받는 중간중간 스크린골프장에서 감을 익히고 치맥으로 달달한 분위기를 만들어 골프에 입문시키기도 한다. 대기업 고문으로 있는 친구는 아내와 종종 골프를 즐긴다. 그는 아내와 둘만의 골프를 예찬하는 파다. 예고도 없이 어느 날 파3 골프장이나 9홀 골프장을 찾는다. 둘이서만 경기할 때도 있고 현지에서 다른 사람과 조인도 한다. 미리 부킹할 필요 없고 멤버 구성에 신경 쓰지 않는 게 장점이다. 아내의 골프 실력이 좋아 둘만의 플레이도 흥미진진하다.

그는 코로나 사태 이전만 해도 외국에 둘이서 골프투어를 다녀오기도 했다. 언젠가 중국 옌타이의 호텔에 숙소를 잡아놓고 3박 4일 원정골프를 했다. 일찍 18홀을 돌고 인근 명소를 관광한 후 와인을 곁들인 근사한 저녁 식사에 마사지를 받는 일정을 사흘간 진행했다. 아무에게도 구애 받지 않는 꿈 같은 골프여행을 즐기고 왔다. 골프 신혼여행이나 다름 없다.

패션, 말수, 배려 등으로 부부와 연인을 구별하기도 한다

아내와는 따로 골프를 즐기는 부류도 있다. 서로의 세계를 인정해주면서 각자 원하는 사람끼리 치는 것을 용인한다. 주로 고수의 세계에서 볼 수 있는데 팽팽한 긴장감을 즐기면서 승부를 좋아하는 타입이다.

이런 스타일은 부부간 서로의 세계가 있고 자존심도 강해 간섭받는 걸 싫어한다. 각자 친구나 동호인 골프 모임을 즐기고 부부끼리 골프를 하더라도 자기 게임에 전념할 뿐 서로 가르치려 들지 않는다. 간혹 따로 골프를 하다가 클럽하우스에서 우연히 마주치기도 한다. 부부끼리 골프 하면서 룰 적용과 레슨은 매우 조심스럽다. 자칫하면 분위기가 냉랭해지거나 한쪽이 골프에 흥미를 잃어버리는 위기에 봉착할 수 있어서다.

서하남 캐슬렉스 골프장에서 있었던 일이다. 한 부부를 초청해 골프를 했는데 그날 동반자의 아내가 페어웨이 내리막 경사에서 두 번이나 아이언을 휘둘렀는데 빗나갔다. 경사가 심해 정타를 치기가 쉽지 않았다. 한 번은 완전 빈 스윙이었고 또 한 번은 공을 살짝 건드렸다. 상황을 매의 눈으로 지켜보던 남편이 정확하게 룰을 적용한다며 2벌타를 먹여 쿼드러플(기준에서 4타 초과) 보기를 매겼다.

골프 스코어는 제대로 적어야 한다면서 내기에 걸린 돈도 악

착같이 받아냈다. 부부끼리 타당 천 원이었는데 아내가 한 홀에서 배판 규정 등으로 1만 6,000원을 뺏겼다. 이후 아내의 말이 없어지고 필드에 냉기가 흐르는 가운데 나머지 4홀을 마쳤다. 다른 사람들이 보는 앞에서 엉뚱한 샷으로 창피한 데다 돈도 잃어 심한 열패감에 사로잡혔던 모양이다. 그날 집에 가서 남편이 어떻게 살아남았는지 지금도 궁금하다.

친구 부부는 간혹 모르는 커플과 조인해서 골프를 하는데 상대방이 부부인지, 연인인지, 불륜인지 아내가 귀신같이 판별한다고 한다. 일단 옷차림과 화장이 다르다. 부부에서 연인, 불륜으로 갈수록 색조가 화려해진다. 말수는 거꾸로 불륜에서 가장 많고 연인, 부부 순으로 줄고 경기 몰입도는 다시 불륜, 연인, 부부로 갈수록 높아진다. 관계의 성격에 따라 관심사가 다르기 때문이다. 불륜이나 연인 사이에선 골프 스코어가 도대체 머리에 들어오겠는가.

연인이나 불륜 사이에선 과잉 매너도 나온다. 본인 공보다 상대방 공 찾기에 더 열성적이고 멀리건과 컨시드 남발에다 심지어 남자기 옷으로 공을 닦고 놔주기도 한단다. 아내의 골프 핸디캡에 관한 유명한 유머가 있다. 초보 아내는 틈만 나면 골프가 허리에 좋다고 찬양한다. 90대 다수 아내는 주말이면 애들민 들

볶는다. 80대 타수 아내는 돈 잃고 들어오는 날이면 남편을 죽인다. 70대 타수 아내는 남편과 따로 놀면서 클럽하우스에서 조우한다.

2020년 세상을 떠난 숀 코너리는 영화사에서 가장 멋지고 뛰어난 골퍼로 알려져 있다. 〈007 시리즈〉 영화에서 악당의 알까기 장면이 나오는데 마지막 홀에서 상대의 공을 바꾸는 역속임수로 내기에 이겨 황금 바를 차지하는 기적을 만든다. 골프의 고향 스코틀랜드에서 태어나고 자란 그는 영화를 찍으려고 골프를 배웠다. 쇠퇴하는 로열 트룬 골프장을 살려 디오픈을 다시 개최하게 한 주역이다. 모로코의 한 대회에서 필생의 본드 걸인 아내 미슐랭 로크브륀느를 만났는데 남자는 코너리, 여자는 로크브륀느가 우승자였다. 둘은 아늑하고 골프장이 많은 스페인 마르벨라에서 살다가 바하마에서 골프를 하면서 노후를 보냈다.

몇 번의 시도에도 필자의 아내는 아직 골프에 재미를 못 붙여 클럽만 창고에서 주인을 기다린다. 동면 중인 클럽을 깨워 역동적인 샷을 휘두르는 아내를 평생의 골프 본드 걸로 맞는 날이 내게도 올까.

김교수의 올바른 다운스윙

다운스윙은 백스윙이 이뤄진 다음 클럽으로 공을 향해 내려치는 과정을 말한다. 육상에서 스타트 준비를 끝내고 치고 나가는 과정이다.

❶ 하체가 먼저 리드하고 상체가 따라와야 한다.
❷ 클럽을 도끼처럼 찍거나 패지 말고 휘둘러야 한다.
❸ 엎어치지 않도록 헤드 무게를 느끼면서 클럽을 휘둘러라.
❹ 시선이 볼로 향하지만 사실 볼 주변 전체도 보여야 한다.

다운스윙 역시 하체가 상체를 유도하는 분리된 동작으로 이뤄져야 정석이다. 하체로 리드하는 과정이 쉽지 않지만 레슨을 받거나 홀로 이점을 명심하면서 연습하도록 한다.

시선 깔고 하체를 먼저 돌린다.

나도 혹시 골프중독?

예전에 방송인 이영자가 진행하는 〈안녕하세요〉라는 프로그램을 본 적이 있다. 시청자가 일상의 고민을 말하면 전문가를 포함한 출연진들이 해법을 모색하는 대국민 토크쇼다. "임신 9개월인데 남편이 자꾸 밤만 되면 스크린골프를 하러 나가 새벽에야 들어옵니다. 울면서 가지 말라고 수시로 말렸지만 허사였고 독수공방 신세를 면치 못하고 있어요." 20대 중반 신혼 여성이 토로한 '슬픈 신혼일기'다. 출연진 조언으로 가정에 좀 더 충실하겠다는 남편의 맹세와 함께 일단락됐다.

골프에 빠져 일상과 조화를 못 맞춰 애먹는 사례를 종종 접한다. 가정, 일, 대인관계, 취미생활 소홀로 본인은 물론 주위 사람까지 힘들어진다. 가정 상담을 하거나 이혼한 사례까지 인터넷에 심심찮게 올라온다. 내기 때문에 경제적인 문제로 비화하곤 한다. 골프계 유머로 좋아하는 단계를 넘어 중독에 이르면 나타나는 증상이 있다. 실제로 일어날 수도 있는 일이다.

칫솔을 고를 때 기둥과 손잡이 상태를 점검한다. 당구를 하다 자기 공 뒤에 동전으로 마크한다. 딸이 기말고사에서 100점 맞았다고 하면 좀 더 노력하면 90점 맞을 수 있다고 격려한다. 놀이터 모래에 발자국이 있으면 지우고 간다. 태풍이 일본 쪽으로 껶이면 슬라이스 난 것으로 생각한다. 영어로 OK 반대말이 Mark인 줄 안다. 식사 자리에서 가장 안쪽에 앉은 사람이 숟가락을 먼저 든 다음 자기가 숟가락을 드는 줄 안다. 젓가락을 아이언, 숟가락을 우드라고 말한다.

골프에 빠져들면 골프를 중심에 두고 다른 약속을 하거나 일하는 단계로 발전한다. 주말 약속도 골프가 먼저이고 골프 전날 술자리 약속은 피한다. 모임에서도 골프를 화제로 삼기 때문에 골프를 하지 않는 사람은 소외되는 경우도 흔하다. 자연 골프를 하는 사람 위주로 모임을 하게 된다. 자영업자나 의사, 예술가, 연예인, 프로기사, 운동선수들이 골프에 빠지는 경우가 많다. 시간적으로나 경제적으로 여유가 있기 때문이다.

주변에 한 달 골프 비용이 600만 원에 달하는 사람이 있다. 주말과 비오는 날을 빼곤 매일 골프장으로 향한다. 자영업자인데 이 정도면 먹고 자는 것 빼곤 거의 정상생활이 불가능하다. 10여 년을 이런 식으로 골프에 빠졌다가 이혼 위기에 몰려 최근 골프 횟수를 절반으로 줄였다.

골프에 심하게 빠지면 원만한 생활이 힘들다. 어느 화가의 골프 사연을 읽은 적이 있다. 다른 사람 추천으로 골프에 입문했는데 아름다운 필드와 자연경관을 접하면서 서서히 그림에서 멀어졌다고 한다. 그림 그릴 시간에 골프장에 가 있고 캔버스를 앞에 두고 붓 대신 골프채만 생각나 제대로 작품 활동을 할 수 없었다. 골프를 하면서 부유층을 상대로 마케팅하면 더 돈을 벌 수 있다는 생각까지 들면서 골프에 더욱 빠져들었다. 사물을 깊게 고찰하면서 의미를 찾아내는 미적 감각과 창의력이 무뎌지는 것을 느꼈지만 골프를 그만둘 수 없었다.

결국 골프를 끊어야겠다고 결심하고 여행을 통해 삶을 반추하면서 평정심을 찾아 원래 생활로 돌아왔다. 골프가 예술가의 생명인 상상력을 제한할 수 있다는 이야기도 있다. 2013년 작고한 소설가 최인호 씨도 한때 골프를 했지만 얼마 안 가 클럽을 놓았다. 유명 문인 가운데 골프를 하는 사람을 잘 알지 못한다.

벙커 탈출 실패 후 다시 웨지로 공을 그린에 올리려는 모습.

내가 아는 한 중견기업 회장은 젊은 시절 골프에 입문했다가 사업을 못할 것 같아 곧 손을 뗐다고 한다. 그는 30년이 지나 환갑을 넘긴 요즘 골프를 즐긴다.

"인간은 적당한 충족을 넘어 욕망에 대한 가속을 멈출 수 없어 급기야 자기 학대와 소모를 통해 무언가를 갈구한다. 채워지지 않는 욕망에서 비롯되는 우울함이 근저에 있다." 재독 철학자 한병철 베를린예술대학 교수는 저서 《피로사회》에서 과잉 욕망을 경계했다. 현대사회는 타자가 아닌 자신을 착취하면서 욕망에 집착한다는 것이다.

현정신과의원 김기현 원장은 시간과 돈, 정신을 빼앗겨 자기 의무에 소홀한다면 스스로를 성찰해봐야 한다고 말한다. "골프는 알코올이나 도박과 달리 신체적·정신적으로 파괴적이지 않으며 건강에 도움을 줍니다. 골프와 댄스도 중독 성향이 있지만 알코올이나 도박처럼 쉽게 쾌락을 얻을 수 없다는 점이 다릅니다." 김 원장은 일과 가정, 놀이(골프)의 조화를 통해 균형된 삶을 유지해야 행복지수를 더 높일 수 있다고 강조한다.

프로선수도 '골라밸(골프와 생활의 조화)'이 필요하다. 대표 사례가 박인비다. 초등학교 3학년 때 골프채를 잡은 박인비는 서른이 넘어서야 골프가 재미난다는 것을 느꼈다고 한다. 그는 언제부

턴가 골라뱉을 선언하면서 예년보다 대회 출전 횟수를 절반 이하로 줄였다. 오로지 연습과 대회에만 집중하던 그가 친구들과 내기 골프도 하면서 여유를 찾았다. 올림픽 금메달 등 그랜드슬램까지 이뤘지만, 이후 찾아온 슬럼프로 은퇴설도 나돌았다. 하지만 2021년 오랜 슬럼프를 극복하고 LPGA투어 기아클래식에서 우승했다.

US여자오픈에서 우승했던 이정은도 즐기는 골프를 내세운다. "이제껏 골프를 너무 힘들게 해왔는데 LPGA 진출 이후 즐기는 쪽으로 멘털을 바꿨는데 우승이 찾아왔어요." 로이터통신을 비롯한 외신은 한국 여자골퍼가 미국·일본을 비롯해 세계 무대를 장악하지만 그늘도 있다고 비판한다. 한국 여자골퍼 가운데 20대에 반짝했다가 30대를 지나 40대까지 기량을 발휘하는 경우는 흔치 않다.

"그린에서 우승 퍼트를 하기 전 아내가 호출하면 바로 달려가겠다."

필 미컬슨은 1999년 US오픈 당시 출산을 앞둔 부인을 생각하며 무선호출기(삐삐)를 차고 경기한 일화는 유명하다. 그는 딸의 고교 졸업식에 참석하기 위해 2018년 US오픈에도 불참했다. 나노 골프를 좋아한다. 보님을 사수 하나 보면 어느덧 갤러너가 골프 약속으로 가득 채워지기도 한다.

좋은 소재와 좋은 글은 골프만 친다고 될 일이 아니라 좀 더 관찰하고 다양한 시각을 갖는 데서 비롯된다. 혹시 이 순간 내가 간과하는 더 소중한 삶의 가치가 있는지도 생각해본다.

김교수의 임팩트

임팩트는 클럽으로 공을 치는 순간을 말한다. 클럽의 원심력을 이용해 공에 최대한 파워가 가해지도록 하는 게 관건이다.

① 임팩트는 0.3초 순간에 일부러 만드는 것이 아니라 클럽이 저절로 휘둘러 지나가면서 공을 치는 방식으로 이뤄져야 한다.
② 왼손의 핸드퍼스트 모양이 유지돼야 한다.
③ 체중이 왼발 쪽에 많이 실릴수록 좋은 임팩트다.
④ 클럽 헤드가 볼부터 가격하고 이후에 지면을 지나가야 한다.

왼쪽 골반이 45도 열린 상태로 만들어졌을 때가 이상적인 임팩트다.

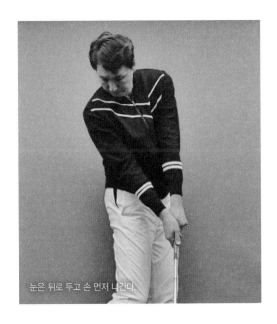

눈은 뒤로 두고 손 먼저 나간다

홀인원 사기 들어보셨나요

골프 구력 20년의 한 친구는 늘 홀인원 이야기만 나오면 부러워하면서 아쉬움을 달래지 못했다. 싱글 수준 고수인 데다 이글도 수없이 했고 골프에 대한 애정도 유별났다. 동반자에게 만들어준 홀인원 패만 해도 수두룩했다.

"나는 언제 홀인원 하나"라며 한탄을 입에 달고 살던 친구가 어느 날 드디어 대박을 터뜨렸다. 그해 6월 첫 홀인원을 하더니 두 달 후 다시 홀인원을 하는 대형 사고를 친 것이다. 첫 홀인원 후 한턱 쏘는 자리에 참석한 또 다른 사람이 기를 받았는지 얼마 후 홀인원을 했다. 이에 첫 홀인원을 한 친구가 곧이어 또다시 홀인원 하는 기적이 일어났다.

친구의 두 번째 홀인원을 축하하는 자리에서 디오픈 우승컵인 클라레 저그처럼 만든 기념패에 맥주를 가득 부어 돌려 마시면서 축하했다. 한 해에 세 달 걸쳐 두 번이나 홀인원을 한 친구는 더 이상 골프에 여한이 없다면서 싱글벙글했다. 세상이 행복한 표정이었다. 홀인원은 골퍼들에게 영원한 로망이다. 그래서 홀인원을 하면 동반자들이 기념패를 만들어 축하하고 당사자는 선물을 돌리고 사은 라운드를 잡는다.

홀인원은 영어로 'Hole In One'인데 'Hole Made In One Stroke'의 준말이다. 파3홀에서 티샷한 공이 바로 홀에 들어가 스코어 1을 기록한 경우를 가리킨다. 처음 친 공이 OB를 내서 다시 친 3타째 공이 홀에 바로 들어가면 홀인원이라고 하지 않는다. 미국에선 이런 경우를 '에이스Ace'라고 한다.

골프계에선 홀인원 확률은 프로선수 3,000분의 1, 아마추어는 1만 2,000분의 1 정도라고 한다. 아마추어의 홀인원 확률은 말이 1만 2,000분의 1이지 이 숫자를 분석하면 얼마나 어려운 일인지 드러난다.

우선 파3홀은 보통 정규 18홀 골프장에 전후반 2개씩 총 4개다. 공을 1만 2,000번 쳐야 홀인원이 한 번 나오니 3,000라운드를 소화해야 홀인원 하나는 계산이 나온다. 1년이 52주이니 일

골퍼들의 영원한 로망인 홀인원 공을 꺼내는 모습.

주일에 한 번 골프를 하면 홀인원 하는 데 57년이 걸린다. 30살
에 골프를 하면 80살이 훌쩍 넘어서야 홀인원 한다는 얘기다. 만
약 골프를 일주일에 두 번 하면 환갑에 가까운 58살에 한번 홀인
원하게 되니 거의 하세월 수준이다. 3,000번 라운드를 하려면 주
말 그린피를 25만 원으로 볼 때 7억 5,000만 원 정도 투자해야

홀인원 하나를 건진다.

이런 분석도 있다. 만약 파3홀 하나를 잡아 30초 간격으로 연속 공을 날려 홀인원까지 소요되는 시간을 계산해보자. 1분에 2개, 1시간에 120개, 하루 8시간에 960개, 12.5일에 1만 2,000개라는 숫자가 나온다.

하루 8시간 밥도 안 먹고 12일에다 반나절 동안 공을 날려야 홀인원 하나가 나온다는 계산이다. 1940년 미국 PGA에서 활약한 해리 고든은 160야드 파3홀에서 60시간 25분 동안 1,817번의 샷을 날렸으나, 결국 홀인원을 못했다. 1951년에는 뉴욕의 한 신문사가 과거에 홀인원한 1,409명을 모아 각각 5번씩, 총 7045번의 공을 치게 했지만 역시 홀인원은 없었다.

국내서도 골프장 오너가 하도 홀인원을 하고 싶어 홀 하나를 잡고 4시간 가량 공을 날렸는데 어깨가 아파 포기했다는 이야기도 있다. 헤아릴 수 없이 많은 라운드를 소화한 골프영웅 박세리도 LPGA에 진출한 지 10년이 지난 2008년에야 캐나디언오픈에서 첫 홀인원을 했다. 타이거 우즈는 홀인원을 기록한 지 20년만인 2018년 11월에 다시 홀인원을 했을 정도다. 우즈는 21살이던 1996년 처음 홀인원을 한 후 97년, 98년 3년 연속 홀인원을 했고 개인 라운드까지 포함해 19번의 홀인원을 했다. 그러다가

20년이 지나 상금 900만 달러가 걸린 미켈슨과의 월드챌린지에 앞서 2018년 연습 라운드에서 프레드 커플스와 아들 찰리가 지켜보는 가운데 홀인원을 했다. 골프황제마저 20년의 세월이 걸렸다.

하지만 프로선수들 가운데 허석호는 15번 이상 홀인원을 했는가 하면 외신에 11살 어린이가 홀인원 했다는 화제 기사도 있다. 초보는 물론 노인, 가끔 필드에 나가는 중년 여성도 홀인원을 하기도 해 반드시 실력자에게만 홀인원 영광이 돌아가는 건 아닌 듯하다.

외국인들이 한국에서 골프를 하면서 굉장히 신기해하는 장면이 있다. 바로 홀인원 후속 이벤트다. 홀인원이 나오면 바로 캐디가 그린에 자리를 깔고 신주 모시듯 공을 깨끗한 수건으로 싸고 홀인원 한 사람이 절을 하는 장면에 놀란다. 고대에 존재했던 제전을 연상시킨다.

유럽이나 미국에선 그냥 위스키 한잔 정도 돌리고 마는데 한국에서는 '한턱 쏘는' 문화가 있어 사은행사에 수백만 원이 들어가기도 한다. 일단 캐디에게 별도 사례금을 주고 동반자와의 저녁식사, 기념 라운드, 친구나 직장동료 선물 등으로 지출이 상당하다.

명사들은 골프장에 기념식수도 한다. 보통 골퍼들은 사은품으로 자신의 이름을 새긴 공이나 골프 우산, 마크 등을 지인들에게 선물한다. 회사나 동창, 친목 등 단체행사에서 홀인원이 나오면 축하를 대대적으로 받는 대신 지출 부담도 엄청 커진다. 이래서 홀인원을 하더라도 주위에 별도로 알리지 않고 조용히 지나가는 실속파도 있다.

　이런 부담을 줄여주기 위해 나온 것이 홀인원보험이다. 2005년 여가문화의 확산으로 손해보험사들이 홀인원 상품을 특약으로 내걸고 골프보험을 적극 홍보하면서 시작됐다. 골프보험은 홀인원 소요비용 뿐만 아니라 골프장에서의 상해와 사망사고, 골프용품 손상을 보장해준다. 보통 매월 3만 원 정도이며 홀인원 하면 600만 원을 타가기도 한다. 홀인원 보험이 나오면서 홀인원 사기 행각이 발각돼 처벌을 받는 사례가 언론에 보도되기도 한다. 보험설계사, 캐디, 골퍼가 짜고 하는 경우가 있고 골프장에서 주는 홀인원 증서까지 위조하기도 한다.

　홀인원 사기로 걸리면 보험사기방지특별법에 따라 징역 최대 10년에 벌금 5,000만 원을 물게 된다. 2016년 9월부터 시행됐다. 홀인원 보험사기까지 나올 정도면 매너로 상징되는 골프정신은 손대긴데 없고 아름다운 필드만 이지럽힐 뿐이다. 홀인원에 띠른 사은 이벤트도 너무 장황스러운 대신 본인 스타일과 경제력에 맞게 해야 하지 않을까.

개인적으론 2012년 10월 서하남 캐슬렉스 골프장 120m 마지막 홀에서 홀인원 했다. 그 이후 지금까지 큰 사고 없이 가정과 직장생활을 해온 것을 보면 충분히 홀인원 약발을 받았다고 생각한다. 살면서 분에 겨운 행운은 바라지 않는다. 나와 주변 사람들이 별 탈 없이 평온하게 일상을 유지하는 게 행운이고 축복 아닌가.

한국일보 창업주인 고 장기영 씨가 부총리 겸 경제기획원 장관 시절의 일이다. 어느 일요일 장기영 씨가 홀인원을 한 후 기뻐서 JP 집으로 전화를 했다.

JP 왈 "세 번 이상 홀인원을 하면 염라대왕이 잡아 간답니다." 2006년 〈이코노미스트〉에 실린 JP의 골프 이야기다. 농담이지만 이제 더 이상의 행운은 없으니 하늘나라로 갈 일밖에 안 남는다는 의미다.

골퍼들의 영원한 로망인 홀인원을 하면 과연 행운이 찾아올까. 골퍼들 사이에선 당사자는 3년, 동반자는 1년 동안 홀인원 약발이 통한다고 믿는다.

프로선수들도 홀인원을 하면 길조로 여기고 은근히 우승을

홀인원 확률은 1만 2,000분의 1.

기대한다. 김세영은 2013년 한화금융클래식 마지막 날 유소연에게 3타로 뒤지다 17번 홀에서 홀인원을 하더니 연장전서 역전 우승했다.

　미국의 조던 스피스는 2015년 플레이오프 3차전 BMW챔피언십 첫날 2번 홀에서 날린 공이 그린 근처를 맞고 홀로 굴러 들어갔다. 스피스는 일주일 후 4차선 투어챔피언십에서 우승을 일

귀 역대 최연소로 페덱스컵을 움켜쥐며 우리 돈으로 124억 원의 돈방석에 앉았다.

윤윤수 휠라 회장도 2009년 경기도 기흥CC 남코스 8번홀에서 친구와 부부동반으로 골퍼를 하던 중 홀인원을 했다. 이후 윤 회장이 경영하던 휠라코리아가 미국 본사인 글로벌휠라에 이어 2011년 타이틀리스트 브랜드의 세계적 골프용품 업체인 아쿠쉬네트까지 인수했다. 경기도 남양주의 광릉CC에는 작고한 이한동 국무총리가 홀인원 기념으로 식수한 나무가 있다. 그는 홀인원 두 달 후 김대중 정부의 국무총리가 됐다. 1990년대 후반 공정거래위원장 시절 홀인원을 한 후 기획예산처장관, 비서실장, 부총리겸 재경원 장관, 감사원장 등 홀인원 관운을 톡톡히 받은 사람도 있다.

골프를 좋아하는 기업인 가운데 홀인원 한 직원이 있으면 회사가 그 약발을 받으려고 당사자에게 돈을 지불하고 홀인원을 사기도 한다. 아예 회사에서 홀인원 보험을 들어주기도 한다. 홀인원 약발이 없다는 이야기도 있다. 지인 중에 몇 년 전 홀인원을 한 후 선물을 돌리고 저녁을 샀는데 그 해 말 회사 인사에서 예고 없이 퇴직을 해야만 했다.

교수인 친구도 2년 전 생애 첫 홀인원을 하며 뛸 듯이 기뻐했는데, 둘째 아이가 원하는 대학에 고배를 마셔 씁쓸해했다. 정치인으로는 홀인원 후 이듬해 국무총리가 됐지만 곧 국경일 골프 문제로 총리직에서 물러나는 등 롤러코스트를 탄 사람도 있다.

홀인원을 했다고 해서 100% 좋은 일이 일어난다고 볼 수는 없지만 그래도 사람들은 좋은 일의 징조로 받아들이고 싶어한다. 이런 믿음은 합리적인 사고에 대한 무의식의 보상작용으로 비이성적인 사고가 침투하면서 발생한다.

현정신과의원 김기현 원장의 분석이다. 그는 너무 합리적이고 이성적으로 문명화된 태도가 일방적일 때 무의식적으로 비합리적이고 비이성적인 사고에 사로잡힌다고 한다. 인생사 역시 반드시 합리적이지는 않아 이런 믿음을 굳이 부정할 필요는 없다고 말한다.

홀인원을 했다면 좋은 일이 일어날 것으로 믿고 긍정적인 에너지로 충전할 수 있다면 괜찮다는 뜻이다. 행운이 실제로 따라오면 좋고 설령 힘든 일이 생기더라도 홀인원 덕분에 그나마 그 정도에 그쳤다고 생각하면 되지 않을까.

우리나라 홀인원 명당은 어디일까. 홀인원을 하려면 경기도 용인의 아시아나CC 동코스로 가면 좋을 듯하다. 2020년 대한골프협회 통계 기준으로 아시아나CC에서 총 102개의 홀인원이 나왔다.

이 가운데 동코스 11번 홀에서만 총 19개를 기록했다. 그린에 경사가 있어 공을 올리기 쉽지 않지만 위아래 간격이 넓고 양호한 시야로 공략지점을 한눈에 바라볼 수 있다. 블루원디아너스 용인도 그 해 77개의 홀인원이 나왔는데 역시 19개가 밸리코스 8번 홀에서 이뤄졌다. 화이트 티 기준 142m로 이렇다 할 장애물이 없어 공략이 쉬운 편이다.

미국의 골프잡지 〈골프다이제스트〉에 따르면 지금까지 최다 홀인원을 한 사람은 노먼 맨리로 총 59회를 기록했다. 프로골퍼로는 PGA투어에서 활동했던 맨실 데이비스로 총 51차례였다고 보도했다.

그는 1967년 한 해에만 8번을 기록했고 웨지와 퍼터를 제외하곤 모든 클럽으로 홀인원을 했다. 이 가운데 기준 타수보다 3타 적은 앨버트로스만 10번을 기록했다. 참고로 앨버트로스 확률은 200만분의 1로 홀인원보다 200배가량 어렵다.

그러나 그는 정작 공식대회에선 별다른 두각을 못 내다가 2년만에 선수생활을 그만둔 것으로 알려졌다. 골프계에 전해진 홀인원 비법을 알아본다. 우선 비거리를 충분히 감안해 클럽을 선택한다. 짧으면 아예 홀인원이 불가능하다. 퍼팅처럼 짧으면 영원히 못 들어간다.

　티를 꽂지 않고 샷을 하는 것도 방법이다. 이는 스핀력을 높이기 위함이다. 핀을 직접 향해 공격적으로 공을 치는 것도 명심하면 좋다. 안전하게 그린 중앙만 노리면 절대 홀인원을 못 한다.

김교수의 팔로 스루와 피니시

팔로 스루는 공을 친 후 공의 진행방향으로 손을 내밀어 탄력을 최대화하는 스윙의 연속 동작 중 마무리 단계를 말한다. 보통 클럽 헤드의 방향은 목표가 12시라고 하면 10시 방향으로 향하도록 한다.

피니시는 스윙의 마지막 자세를 말하는데 체중은 왼발쪽으로 90% 이상 이동되도록 한다. 스윙이 좋으면 깔끔한 피니시를 이룬다.

① 팔로 스루가 느껴지지 않도록 자연스럽게 피니시로 넘어간다.
② 머리와 척추의 각도를 유지하면서 피니시로 이어져야 한다.
③ 지면 반발력을 이용한 클럽 헤드의 원심력을 활용한다.
④ 피니시 때 3초간 머물면서 공의 진행방향을 볼 수 있어야 한다.

클럽헤드와 볼이 붙어가는 느낌이 들면 올바른 팔로 스루와 피니시의 결과다.

팔로스루 땐 머리, 척추 각도 유지.

골프장은 에피소드의 보고

난감하다는 것은 이런 일을 두고 하는 말인가. 지인 초청으로 경기도 오산 프라자CC에서의 골프다. 후배 한 명과 골프장에 도착하자마자 깜짝 놀랐다. 초청자 쪽 3명과 우리 두 명 포함해 골프 멤버가 5명이 돼버렸다. 아찔한 순간이었다. 가다듬고 생각하니 그다음 주 골프 약속에 내가 한 명을 동반해야 하는데 이번 주로 착각했다. 5인 플레이를 할 여건도 아니었다. 누가 빠질 것인가. 당연히 실수한 우리 측에서 빠지겠다고 했지만 이왕 초청했으니 자신들이 극구 양보하겠다며 그중 한 명이 백을 썼다. 돌아가는 뒷모습에 무척 미안했다. 대형 사고를 쳤으니 골프가 제 내도 되겠는가. 그날 이후 동반사를 내동힐 때는 만드시 문자로 확인하는 버릇이 생겼다.

자책감에 몸서리칠 때도 있다. 골프에 갓 입문했을 당시 용인의 레이크사이드CC를 자주 찾았다. 최소 한 시간 전까지 클럽하우스에 도착해야 한다는 골프 선배의 말을 명심했다. 잠을 설치고 새벽에 일어나 바리바리 백을 싸서 차를 몰고 골프장에 도착했다. 그런데 프런트 직원이 부킹 명단에 없다고 했다. 당황한 나머지 예약을 맡았던 동반자에게 전화하니 자신은 이미 도착해 있단다.

순간 멘붕! 당황하는 모습에 직원이 다가와 골프장에 제대로 온 게 맞느냐고 물었다. 아차 싶어 휴대폰 문자를 확인하니 레이크힐스CC가 선명하게 적혀 있었다. 무심코 평소 찾던 골프장으로 간 것이다. 부랴부랴 경기과에서 백을 찾아 레이크힐스에 도착하니 동반자들은 2번째 홀 퍼팅 중이었다. 일주일 동안 설레며 기다린 골프가 몸이 풀리기도 전에 끝나고 말았다. 뉴서울, 남서울, 서서울 골프장도 이름이 비슷해 골퍼들이 간혹 착각한다.

한 친구는 인천의 잭니클라우스CC에서 회장 주최로 외부인과의 골프에 참석하라는 통보를 받았다. 회사 사장을 자기 차로 픽업해서 가는데, 막상 도착해보니 옷 공장이었다고 한다. 네비게이션에 잭니클라우스를 찍고 갔는데 엉뚱한 데에 도착할 것이다. 네비게이션이 무슨 죄인가. 풀 네임을 입력하지 않아 벌어진 불상사다. 정신없이 달려가 시간은 겨우 맞췄지만 이미 도착한 회장과 임원들 얼굴은 굳어 있었다. 현장에서 인사발령 나는 줄 알았다고 한다.

골프를 하면서 이런 모멸감을 느껴본 적이 있는가. 어느 정도 구력이 쌓인 후 초보를 데리고 나갔다. 워낙 초보라 필드에서 기본적이고 간단한 스윙과 매너에 대해 종종 팁을 주었다. 그런데 이 친구 예사롭지 않았다. 라운드 횟수가 쌓이면서 기량이 일취월장했다. 어느 순간 엎치락뒤치락 실력이 비슷해졌다. 어느 날 스윙이 어쩌고, 리듬이 어쩌고 말하면서 내게 레슨을 하는 게 아닌가. 갑자기 머릿속이 띵하고 어지러워졌다. 스윙마저 무너졌다. 골프를 가르친 초보가 어느 순간 나를 추월하고 레슨까지 할 때의 심정, 나만 이런가.

골프 초창기를 생각하면 지금도 쓴웃음이 나온다. 주말마다 골프를 하니 아내의 심정이 좋을리 없었다. 묘책이라고 내놓은 것이 항상 우승했다며 쌀과 과일을 사오거나 돈을 주는 일이었다. 내 실력을 알 길 없는 아내는 그렇게 넘어가곤 했는데, 실은 비상금을 털어 산 물건들이었다. 아내는 나를 거의 '골프 천재'로 생각한 것 같은데, 실은 '백돌이'에서 헤매고 있을 때였다.

운 좋게 산 공을 어려운 위치에서 그린에 올려 전화위복.

골프에 몰입한 나머지 일시적인 치매에 빠지기도 한다. 그린에서 상대방 퍼팅을 위해 뽑아든 깃대를 종료 후 다음 홀로 들고 나간 적도 있다. 손에 공을 들고 있으면서 캐디에게 공을 달라고도 한다. 언젠가 아내와 모처럼 골프를 했는데 그린에 공을 올려놓고 마크를 한 후 공을 아내에게 전했다. 순간 캐디로 착각한 것. 아내도 영문을 모르고 그냥 공을 받는 게 아닌가.

먹고 자는 시간을 빼곤 골프만 하다 죽고 싶다는 선배에게 들은 이야기도 있다. 어느 날 라운드를 끝내고 김이 모락모락 나는 샤워실 탕에 들어갔는데 아는 사람이 있었다. 오랜만이라면서 안경을 위로 올리고 선배가 안부 인사를 건넸다. 그런데 상대방이 답례는 않고 매우 황당하다는 표정을 지었다. 선배는 순간 죄송하다며 쓱 웃었다. 상대방은 그날 골프 동반자였다.

현정신과의원 김기현 원장은 감정과 기분이 인지기능에 영향을 주는 경향이 있다고 설명한다. 흥분하면 시야가 좁아지고 한 가지만 생각하게 돼 다른 사소한 것에는 집중을 못하게 된다고 말한다. 오랜 시간 필드에서 몰입한 나머지 일상으로 돌아오기까지 약간의 인지기능 장애가 생긴다. 비유하자면 화면조정을 거쳐 차분히 공간과 시간을 되새기면서 정상으로 돌아온다는 것이 김 원장의 분석이다.

순간 죽음의 공포감에 휩싸인 적도 있다. 서울 인근 골프장인
데 코스가 계단식이었다. 홀을 빠져나와 내려오면 바로 다음 코
스의 티잉 구역이다. 앞 팀이 밀려 동반자들과 모여 이야기를 나
누고 있었다. 그때 전 홀에서 공이 엄청난 속도로 날아와 우리
중앙에 그대로 떨어지는 게 아닌가. 하마터면 큰 불상사가 일어
날 뻔했다. 지금 생각해도 모골이 송연하다. 지그재그로 코스를
연결해놓은 골프장들이 있는데 정말 위험하다. 그물망을 설치하
든지 해서 혹시 모를 사고 예방에 만전을 기울여야 한다.

골프 약속은 본인 사망 외에는 무조건 지켜야 한다는 농담이
있다. 이 농담이 현실로 나타난 가슴 아픈 일도 있다. 몇 년 전 송
년 모임 참석자들이 이듬해 봄날을 골라 골프 약속을 잡았다. 그
중 한 사람이 급성 간암 판정을 받고, 두 달여 만인 이듬해 초에
세상을 떠났다. 투병 기간 중에 반드시 나아서 라운드를 하자며
약속까지 했는데 안타깝게 세상을 뜨고 말았다. 매너와 인심이
좋은 사람이었다.

양심불량으로 해프닝이 일어나기도 한다. 소위 알까기와 관
련해서다. 안개가 짙은 날 파3홀에서 멋지게 샷을 했는데 그린은
물론 근처에도 공을 찾을 수 없었다. 그때 주인공이 근처에서 공
을 찾았다고 외쳤다. 동반자들이 공을 그린에 올린 후 캐디가 핀

을 뽑으려고 하는데 홀 안에 공이 들어 있는 게 아닌가. 홀인원 한 줄도 모르고 알까기를 한 것이다. 홀인원 판정 여부를 놓고 티격태격했다. 울 듯한 표정으로 난생 처음 홀인원이라며 하도 애원하기에 인정했다. 그날 입막음용으로 그는 예상보다 몇 배의 돈을 써야 했다.

'골프 3락'이라는 말이 있다. 골프 후 욕실 탕에서 몸을 녹이는 일, 라운드 후 시원한 맥주 한잔, 골프장 빠져나올 때 비가 내리는 일 등을 말한다. 하나를 추가한 4락도 있다. 직장상사가 모는 차 뒷좌석에서 그날 딴 돈을 세다가 스르르 잠드는 것을 말한다. 5락도 있다. 3만 원 딴 줄 알았는데 귀가 후 옷 정리를 하다가 만 원이 더 나왔을 때다.

필드에서 클럽을 휘두르는 것만이 전부가 아니다. 시공간을 함께 했던 사람들과 지난 날을 추억하는 것도 살아가는 재미다. 정치 이야기라면 몰라도 술자리에서 골프 이야기로 싸웠다는 말을 들은 적은 없다.

백돌이가 싱글되려다
이혼당할 뻔했죠

2002년 10월 수원CC. 내가 골프에 입문한 시간과 장소다. 올해로 만 19년을 넘겼다. 수원CC는 회원제인데다 서울에서 가까워 지금도 골퍼들에게 인기다. 직장 선배가 강요하다시피 밀어붙인 끝에 골프에 첫발을 들여놓았다. 늦을세라 새벽같이 일어나 아침을 챙겨먹고 정신없이 차를 몰아 골프장에 도착했다. 당시엔 골프장에 레스토랑이 있는 줄 몰랐다. 티오프 시간 2시간 전이어서 클럽하우스 문을 열기도 전이었다. 혼자 덩그러니 주차장에서 눈을 잠시 붙인 후에야 캐디백을 내렸다.

초보 백돌이에게 타수는 의미 없었다. 공을 찾으러 정신없이 필드와 언덕을 오르락내리락했다. 타수 자체를 셀 수 없었다. 공

찾으랴, 클럽 챙기랴, 라인 살피랴 스코어가 머리에 전혀 들어오지 않았다. 그냥 캐디가 적은 스코어를 보고 알 뿐이었다. 골프를 처음 배울 때부터 느림보 습관을 없애야 한다면서 선배가 몰아붙이는 바람에 클럽을 휘두른 후에는 뛰어다녔던 기억이 난다. 가혹했지만 지연 플레이 습관을 애초 길들이지 않아 고맙게 생각한다. 맑은 하늘, 탁 트인 페어웨이, 가을 단풍, 그리고 마냥 뛰어다녔던 기억밖에 없다. 좌충우돌 백돌이 시절이었다.

초보 때 실내연습장에서 드라이버와 7번 아이언을 집중적으로 연습했다. 다음 해 4월에야 드디어 고양 소재 서서울CC에서 100타를 깼다. 아침 6시께 티오프를 했는데 98타를 기록해 감격했다. 특히 쇼트 홀과 롱 홀에서 각각 파를 1개씩 잡아 날아갈 듯이 기뻤다. 집으로 차를 몰고 오면서 그렇게 기쁜 때가 있었던가. 아내에게 스코어 카드를 보여주며 자랑했다. 시동이 걸렸다 싶어 실내연습장 이용권을 끊어 아침저녁으로 매일 연습에 매달렸다. 3개월 정도 레슨도 받았다.

하지만 90타를 깨는 것은 지난한 과업이었다. 당시 가평의 썬힐골프장을 가장 많이 이용했는데 90대 초반으로 내려갔다가 다시 100타 안팎으로 올라왔다. 교습가는 늘 그립과 에이밍, 셋업을 강조했다. 하지만 여전히 클럽을 휘둘러 공을 멀리 보내는 데에만 관심이 있었다. 한 달에 두세 번 정도의 라운드 경험으로 쉽게 90타를 깨는 건 애당초 무리였다. 한창 직장생활을 하느라 골프에 전념할 여건도 아니었다.

꿈의 80대 타수로 들어온 곳은 이듬해, 5월 레이크사이드CC 서코스. 89타였다. 서코스는 전장이 긴 남코스나 동코스와 달리 비거리가 짧은 골퍼도 정교한 샷을 구사하면 스코어를 내는 데 유리하다. 골프를 하면서 가장 기뻤던 때가 90타를 깼을 때다. 이제 하수는 물론 고수와도 어울리겠다고 생각했다. 하지만 불안정한 80대 타수였다. 골프장만 다르면 걸핏하면 90대를 넘나들었다. 결국 3번 연속 80대 타를 기록한 후에야 동료들에게서 80대 타수를 인정받았다. 이젠 골프를 즐기는 맛을 알았다. 코스 매니지먼트를 하고 쇼트 게임의 중요성도 드디어 깨달았다.

골프를 마감하고 코스를 복원하는 능력도 그제야 생긴 것 같다. 그날의 멋진 샷보다 결정적인 순간 OB나 4퍼트를 범한 뼈아픈 장면을 더 오래 기억하게 됐다. 주말마다 골프장을 찾아 독박 육아에 지친 아내와도 참 많이 싸웠다. 우승했다며 개인적으로 호주머니를 털어 선물과 돈을 주며 달래기도 했다. 직장 경영진이나 중요한 외부 인사와의 골프라서 빠지면 곤란하다며 숱한 핑계를 댄 것도 기억한다. 80대 타수 골프 시절이 가장 설레고

흥분됐던 것 같다. 2008년 5월 경기도 서하남 소재 캐슬렉스CC에서 76타로 드디어 아마추어 골프의 로망인 싱글 타수를 입문 6년 만에 이뤄냈다. 전반 1타, 후반 3타를 넘겼다. 지금도 당시의 스코어 카드를 보관 중이다. 집에 매트를 깔아놓고 매일 퍼트 연습에 집중한 것이 주효했다.

2018년 미국 보스턴 인근 골프장에서 아내와의 골프 장면

그러나 어쩌다 한 번이지. 안정된 티샷, 정확한 아이언샷, 정밀한 퍼트가 삼위일체를 이룰 때에만 싱글 타수가 나왔다. 걸핏하면 80대 중후반, 심지어 남양주 해비치CC 같은 골프장에선 여전히 90대 타를 쳤다.

2009년 10월 강원도 횡성 성우리조트의 오스타CC(현 웰리힐리)에서 첫 이글이 터졌다. 롱 홀에서 핀까지 70m를 남기고 웨지로 친 공이 그린 왼쪽에서 경사를 타고 홀로 빨려 들어갔다. 인상에 남는 골프는 세계기네스골프대회 참가와 미국 서부 명문 골프장 견학이다. 2009년 군산CC에서 하루 75홀을 도는 기네스골프대회에 참가했다. 해가 가장 긴 하짓날 아침 5시 30분께 시작해 저녁 6시 30분에 끝났다. 샷건 방식으로 400여 명이 출전했는데 코미디언 이경규 씨도 참가했다. 마을에서 나온 자원봉사자들이 홀 이동로에 식탁을 마련해 김밥과 물을 제공했다. 영국 기네스협회 관계자가 방한해 공식 인증을 했다.

미국 서부 명문 골프장 견학도 잊지 못할 추억이다. 캘리포니아주 몬트레이 인근 세븐틴 마일스17miles 내 4개 명문 골프장(페블비치, 사이프러스포인트, 스파이글라스힐스, 스페니시베이)과 샌디에이고 라코스타CC를 잊지 못한다. 거장 로버트 트렌트 존스가 직접 설계한 골프장을 찾았고 골프 휴양도시 팜스프링스에서의 라운드도 다시 오기 힘든 추억이다. 잔목이 듬성듬성한 바위를 넘어 공을 날리던 쇼트 홀이 지금도 아련하다.

그래도 가장 추억할 만한 일은 첫 홀인원. 2012년 10월 2일 서하남 캐슬렉스 마지막 홀에서다. 이 골프장은 싱글 타수와 홀인원을 함께 안겨준 추억의 명소다. 계곡을 건너 올려다보는 120m 홀에서 9번 아이언으로 친 공이 턱을 맞고 그린으로 올라갔다. 그린에 올라와보니 사라진 공이 홀에 있었다. 하지만 사람들에게 홀인원을 공개한 것은 3년이 지나서다. 당시 지방에 근무할 때인데 오전에 업무보고를 끝내고 골프장에 들른 것이다. 자랑하고 싶어도 참아야 하는 고통이 얼마나 큰지 상상이 되리라. 주일에 목사가 홀인원을 한 격이었다.

이후 10년이 지나도 홀인원 소식은 없다. 싱글 골퍼로 진입하려면 집 한 채 날린다고 하지만 이혼당하지 않은 것만도 용하다는 생각이다. 퇴직한 이후 80대 초반을 유지하다가 서서히 타수가 밀린다. 열정은 여전하지만 체력적인 문제도 있는 것 같다. 일주일에 한두 번 필드를 찾았는데 앞으로 1번으로 줄이고 너무 스트레스를 받지 않으려고 한다. 골프 비용도 만만치 않다.

올해 백돌이는 90대, 보기 플레이어는 80대, 80대 같은 싱글의 꿈을 이루기 바란다. 홀인원까지 겹치면 더욱 영광이다.

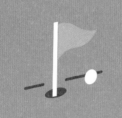

PART 2

골프는
자신과의
전쟁

말 한마디로
상대방 백발백중 끝장

"대단하다. 전반에 1오버를 쳤네. 오늘 싱글은 물론 라이프 베스트까지 하겠네."

간혹 전반 라운드를 마치고 식음료를 마시면서 동반자들이 어쩌다 잘 나온 나의 스코어를 언급하며 분위기를 띄운다. 그 칭찬에 꽂혀 후반 라운드에 들어가면 영락없이 원래 실력으로 돌아온다. 칭찬으로 포장해 나의 심리를 교란하는 작전이다. 인간의 취약한 속성을 교묘하게 이용한다. 골프계 속어로 '구찌'라고 하는데 불안한 심리를 이용해 미스 샷을 유도하는 방해전략이다. 일본어로 '구찌'는 입을 뜻하는데, 우리말로 '입방아' 정도로 보면 된다. 당구에서 '견제하다'라는 의미의 일본어 '겐세이'와

유사하다.

한국체육대학교 골프지도학과 박영민 교수는 골프는 예민한 스포츠여서 상대의 취약한 심리를 이용해 오류를 유도하면 매너가 아니라고 지적한다. 물론 과하지 않다면 편한 사이에선 긴장과 재미를 유발한다. 가벼운 내기가 붙은 친구 사이에선 이런 견제구가 흥미를 배가시킨다. 아마추어 골퍼는 16번 홀까지 싱글 타수를 기록하면 긴장이 고조되고 맥박도 빨라진다.

이 시점에 지켜보던 동반자가 두 홀만 잘 치면 오늘은 완전 싱글이라는 말을 건네면서 기름을 붓는다. 두 홀만 파로 막아내면 되는데 바로 보기나 더블보기를 범해 결국 80대 타수로 넘어가 버린다. 필자도 숱하게 이런 경험을 맛보았다.

장타를 구사하며 홀을 거듭할수록 성적을 잘 내는 동반자에겐 폼만 좋으면 완벽할 것이라는 말을 슬쩍 던지는 순간 티샷이 흔들린다. 그 말이 뇌리에 꽂혀 OB나 원하지 않은 구질로 이어진다. 이때 큰 소리가 아니라 동반자끼리 들릴 듯 말 듯 소곤대면 효과 만점이다. 조용하게 전달돼야 당사자가 더 흔들린다. 옆에서 지켜보다 왼쪽이 OB구역, 오른쪽은 해저드라고 굳이 강조해도 영향을 받는다. 초보자는 불안감에 제 스윙을 못한다. 본인은 공을 잘 보내놓곤 생각보다 왼쪽으로 많이 딩거진다는 밀을

티샷 땐 긴장돼 옆 사람의 작은 자극에도 실수로 이어진다.

툭 던지는 순간 다음 동반자는 교란된다. 자신도 모르게 클럽 헤드를 열거나 힘을 빼고 가격해 슬라이스나 푸시를 낸다. 페어웨이에서도 얼마든지 동반자를 말로 압박할 수 있다.

비슷한 선상에서 아이언 샷을 앞두고 먼저 하라고 순서를 양보할 경우다. 예전에는 홀에서 먼거리 공의 주인이 먼저 샷을 했지만 2019년 개정룰에 따라 준비된 골퍼부터 샷을 한다. 상대가 먼저 치라는 신호를 보내면 얼핏 순서를 양보하면서 배려하는 것처럼 보인다. 하지만 고도의 심리전일 수도 있다. 양보 받은 측은 상대가 기다리지 않도록 빨리 샷을 끝내야 한다는 압박에 직면한다. 순서에 대한 양보를 속도로 보답하겠다는 심리인데, 영락없이 토핑이나 뒤땅으로 연결된다. 서두르는데 좋은 샷이 나올 리 없다. 적당한 거리에서 상대 샷을 주시하는 것도 압박수단이다. 애매한 간격에서 어떻게 치는지 두고보자는 식으로 뚫어져라 응시하면 긴장된다.

상대방의 샷을 연속 칭찬하며 레슨을 부탁하는 것도 무너지게 하려는 고도의 속셈이다. 칭찬은 일단 자신을 낮추고 상대를 고수로 인정한다는 뜻인데 상대는 우쭐하면서 긴장을 푼다. 잘 보여주려다 실수한다.

한국체육대학교 박영민 교수는 골프는 너무 긴장해도 안 되지만 그렇다고 긴장의 끈을 풀어버리면 곤란하다고 강조한다. 몸과 멘털을 건강한 긴장 사슬로 일체화해야 한다. 박 교수는 경기 도중 동반자에게 건네는 레슨은 정작 본인 경기에 방해요소로 작용한다고 조언한다. 특히 내기가 붙었으면 끝까지 자기 플레이에만 몰입해야 한다고 역설한다. 벙커에서도 압박은 펼쳐진다. '벙커샷의 달인'이라거나 '벙커샷이 부럽다'는 말로 동반자들이 치켜세우면 머리가 복잡해진다. 탈출을 못하거나 토핑으로 공을 날리기 일쑤다. 칭찬이 골프를 춤추게 하는 게 아니라 예민함만 자극한다.

몰입을 방해하는 작전도 있다. 골프와는 상관없는 최근 사업 근황이나 건강을 물어보는 식이다. 한마디 대꾸 없이 입을 꾹 다물 수도 없어 응답하다 보면 집중력 분산으로 미스 샷이 나온다. 스윙과 구질이 좀 달라진 것 같다면서 요즘 건강 여부를 물어보거나 상대의 평소 고민거리를 살짝 건드리는 사람도 있다. 부담 없는 친구 사이에만 가능한 일이다. 상황을 고려 않고 그랬다간 궂은 분위기로 치닫는다.

동반자를 가장 빈번하게 괴롭히는 곳은 그린이다. 핀까지의 방향과 경사, 그리고 임팩트 강도를 놓고 상대 퍼팅을 입으로 교란시킨다.

퍼팅을 끝내고 생각보다 내리막이 심하다거나 잘 구른다는 식으로 중얼거린다. 진위 여부를 떠나 이 말을 들으면 의식하지 않을 수 없다. 그린에선 성질 급한 사람이 가장 손해다. 퍼팅 순서를 항상 자기보다 먼저 하도록 유도하는 여우파도 있다. 골프에서 퍼팅만큼 예민한 부분도 없다. 순서를 양보해 성급하게 퍼팅을 유도하는 전법이다.

잘 나가는 동반자의 클럽이 좋아 보여 자기도 한번 쳐보겠다며 리듬을 끊는 부류도 있다. 주로 드라이버나 퍼터다. 프로경기에선 남의 클럽을 사용하면 2벌타. 하지만 아마추어는 그냥 넘어가는데 경기 흐름을 방해한다. 언젠가 직장선배와 레이크사이드CC에서의 일이다. 황금색 헤드와 샤트프로 만든 신형 드라이버를 갖고 나갔는데 비거리와 구질이 좋았다. 선배가 한번 쳐보겠다고 해서 쳤는데 헤드가 땅에 쓸리면서 도색에 흠이 나고 말았다. 내색은 못 하고 라운드 내내 끙끙 앓다가 엉망의 스코어를 낸 기억이 난다. 새 차 운전대를 친구에게 맡겼다가 접촉사고를 낸 심정이었다. 이후 내 클럽을 남이 사용하면 극도로 불안해지는 트라우마가 생겼다.

골프에서 친한 사이끼리 선을 넘지 않는 구찌는 활력소가 된다. 이로 인해 무너지거나 극복하는 깃도 골프의 일부분이다. 워낙 예민한 경기여서 그린에서 OK라는 단어만 빼고 모두 구찌라는 말도 있다. 이런 방해를 탓하지 말고 극복해야 진정한 실력자다. "골프는 멘털 50%, 셋업 40%, 기술 10%." 잭 니클라우스가 말했다.

김교수의 3000야드 장타

고수가 되려면 일단 장타 반열에 올라야 한다. 물론 쇼트 게임에 능해도 얼마든지 타수를 줄일 수 있지만 적어도 단타라는 소리는 듣지 말아야한다. 장타는 아마추어뿐만 아니라 프로선수들로서도 영원한 로망이다. 장비를 바꾸고 근육을 키우는 모든 행위가 장타를 향한 노력이다.

❶ 어드레스 셋업을 만들어갈 때 힘을 더욱 빼야 한다.
❷ 백스윙 때 볼을 보면서 무조건 어깨 턴을 크게 해야 한다.
❸ 헤드 스피드를 최대한 늘리기 위해 하체와 허리를 적극 활용한다.
❹ 처음부터 끝까지 척추의 기울기를 유지하면서 휘두른다.
❺ 백스윙 탑에서 피니시까지 클럽이 한번에 휘둘러질 때 장타 조건이 갖춰진 것이다.

볼을 보며 어깨를 크게 튼다.

OK의 심리학

2017년 7월 US여자주니어골프 선수권대회 준결승에서 에리카 셰퍼드와 엘리자베스 문의 연장전이 막바지로 치달았다. 18홀 매치플레이로 열린 이날 연장 첫 번째 홀에서 셰퍼드가 먼저 파로 홀아웃했고 문은 약 1.2m 버디 퍼팅을 남겼다. 문의 버디 퍼팅은 왼쪽으로 살짝 스쳤고 홀에서 약 15cm 떨어진 곳에 공이 섰다. 문은 무심코 공을 집어들었는데 셰퍼드가 컨시드를 준 적이 없다면서 클레임을 걸었다. 결국 문은 1벌타를 받았고 패배 위기에 몰렸던 셰퍼드가 극적으로 결승에 진출해 우승을 차지했다.

사실 15cm 거리면 일반적으로 컨시드가 충분히 용인된다. 셰퍼드는 그때 눈 감고 있다가 공이 떨어지는 소리가 안 들려 눈을 떠보니 이미 문이 공을 집어들고 있었다고 말했다. 그 상황을 지켜보고 있었다면 당연히 컨시드를 줬을 것이라고 해명했다.

흔히 주말 골퍼들이 사용하는 'OK'는 짧은 거리의 퍼트를 1타로 마무리한 것으로 인정한 것인데 원래 용어는 '컨시드Concede' 우리말로 옮기면 '용인'이라는 뜻이다. 한국이나 일본 등 동양인 골퍼들 사이에선 OK라고 부른다. 주로 1m 이내 거리를 컨시드 범위로 한다. 주말 골퍼들은 흔히 퍼터 길이 이내에서 컨시드를 허용한다. 프로경기에서는 '김미gimme'라는 용어로도 통한다.

사실 주말 골퍼들에게 이 컨시드 거리의 퍼팅이 가장 긴장된다. 공이 핀에서 이보다 좀 멀리 있으면 성공하지 못하더라도 붙인다고 생각하면 편하다.

하지만 이 거리에선 꼭 1타로 마무리해야 한다는 심리적 압박감이 엄습해 긴장한다. 특히 스킨스 상금이 잔뜩 쌓여 있다든지 스트로크 게임에서 1타 차이로 싹쓸이를 할 경우다. 거꾸로 실패하면 동반자 모두에게 돈을 다 지불할 상황이라면 긴장은 극에 달한다.

프로골피 깅욱순이 2003년 50cm 퍼팅을 놓처 결국 미국 퀄리

파잉스쿨에 1타차로 낙방해 PGA 진출에 실패한 것은 유명한 일화다. 김인경도 2012년 나비스코챔피언십에서 30cm 퍼팅을 놓쳐 생애 첫 메이저대회 우승에 실패한 후 한동안 슬럼프에 빠졌다. 한 프로골퍼는 "결정적인 순간에 짧은 퍼팅에 실패하면, 프로선수도 일종의 공황장애를 겪는다"고 말한다. 심하면 소위 '입스'에 걸린다고 한다. 영어로 'yips'를 말하는데 비슷한 상황에 처하면 예전 경험이 트라우마로 남아 퍼팅에 실패할 것 같다는 극도의 불안감에 사로잡힌다. 손동작이 원활하지 못하거나 서둘러 손이 나가 원치 않는 퍼팅을 한다.

주말 골퍼들은 50cm 이내에서 웬만하면 컨시드를 준다. 컨시드 받고 퍼팅을 하면, 희한하게 잘 들어간다. 심리적으로 아무 부담이 없어서다.

하지만 결정적인 순간에 동반자들이 컨시드를 거부하는 경우도 있다. 치열한 내기가 붙었거나 공이 내리막 옆 경사에 놓였다면 짧은 거리 퍼팅도 실패할 가능성이 매우 높다. 이때 동반자들이 컨시드를 주지 않으면 당사자의 심리상태가 매우 복잡하다. 당연히 컨시드를 받을 것으로 기대했는데 퍼팅을 해야 한다면, 경험적으로 실패할 확률이 높다. 반대로 처음부터 컨시드를 기대하지 않고 당연히 퍼팅해야 하는 것으로 생각하면 짧은 거리

50cm 이내에선 보통 컨시드 준다.

에선 대부분 성공한다.

한국체육대학교 박영민 골프부 지도학과 교수는 "최고조 긴장 속에서도 꼭 넣는다는 자기주문으로 잡념 없이 임하면 짧은 거리 퍼팅은 성공한다"고 말한다. 빨리 긴장 상태에서 벗어나려고 퍼딩을 시두드면 대부분 실패한다고 충고힌다. 아마추이 친

선골프에선 그립을 뺀 퍼터 길이 이내에선 보통 컨시드를 허용한다. 특히 무더운 날 앞 팀은 보이지 않고 뒷 팀은 바짝 붙어 있는데 짧은 거리임에도 끝까지 컨시드를 주지 않으면 가혹하다. 골프가 지루해지고 동반자 전체의 리듬도 깨져버린다. 그렇다고 너무 컨시드를 남발하면 친선 게임일지라도 활력을 잃는다. 골프는 집중에 따른 긴장감을 맛보는 스포츠다. 내기가 붙었을 때 누가 컨시드를 주느냐도 매우 중요하다. 보통 골프 시작 전에 룰을 정하지만 경기 도중 정해진 룰과 상관없이 일행 중 무심코 컨시드를 외치는 수가 있다.

이때 마음속으론 응하고 싶지 않은 동반자도 쉽게 이의를 제기하기 어렵다. 이미 벌어진 일인 데다 클레임을 걸면 야박하다는 인상을 심어줄 수 있기 때문이다. 사실 계속 돈을 잃는 상황에서 동반자가 퍼팅에 실패하면 새로운 전기를 맞을 수도 있다. 이때 옆에 있던 다른 동반자가 무심코 컨시드를 외쳐버리면 나만 억울하다.

물론 골탕 먹이려고 의도된 행위는 아니겠지만 다른 동반자의 처지를 두루 살펴야 한다. 심하게 말하면 자기는 컨시드를 주면서 인심 쓰지만 억울한 희생자가 생긴다. 이래서 내기가 붙으면 해당 홀이나 진행된 홀까지 가장 불리한 사람에게 컨시드 권

한을 주는 방식도 있다. 처음 컨시드 룰을 정해놔도 진행이 밀리거나 덥거나 추우면 속도를 내야 하기에 룰을 준수하기 힘든 점을 감안한 조치다.

컨시드 하나로 품격이 돋보이는 장면을 본 적도 있다. 수원 CC에서 스킨스게임이 붙었는데 한 번도 상금을 못 챙긴 연세 드신 분이 후반 파3홀에서 1m 거리의 세 번째 퍼팅을 남겼다.

다른 두 사람은 3온으로 이미 승부에서 멀어졌고 한 사람은 핀에서 80㎝ 정도의 세 번째 퍼팅을 기다리고 있었다. 앞선 경기에서 계속 비겨서 상금이 누적된 데다 동반자 세 명이 벌금으로 뱉어낸 것도 쌓여 그날의 승부처였다. 그는 퍼팅을 마무리해 결국 파에 성공했다.

이때 놀라운 일이 벌어졌다. 핀에서 80㎝ 남은 동반자의 공을 집어주며 컨시드를 주는 게 아닌가. 눈이 휘둥그레진 사람들에게 1m 퍼팅에 성공했다면, 당연히 80㎝는 성공하지 않겠느냐고 말했다.

상대방의 실력을 인정해주면서 실수에 의존해 이기고 싶지 않다는 의미다. 상대 퍼팅이 실패하면 전세를 역전하고 상금 순위도 1위로 올라설 수 있는 절호의 기회였다. 접대 자리도 아니었다. 금액을 떠나 쉽지 않은 경우다. 골프를 신중하게 즐기면서도 품격이 달라 보여 지금도 기억에 생생하다. 컨시드 하나에도 인격이 녹아 있다.

골프를 못 치더라도 컨시드로 인심을 얻기도 하고 나쁜 인상을 줄 수도 있다. 적절한 컨시드는 긴장된 골프장에 훈기를 몰고 온다.

김교수의 홀인원 도전

홀인원은 하고 싶어도 할 수 없고 연습을 한다고 마음대로 만들어지는 것도 아니다.

행운도 따라줘야 하는데 전혀 스윙 조건이 갖춰져 있지 않은 상태에서 무조건 행운만 기대해도 불가능하다. 실력과 행운이 만날 때 홀인원이 가능하다.

❶ 에이밍(겨냥)과 얼라이먼트(정렬)의 올바른 자세가 정교한 아이언 샷을 만들어 준다.

❷ 아이언 샷을 찍지 말고 자연스럽게 임팩트로 지나가야 한다.

❸ 아이언별로 스윙 리듬이 동일해야 한다.

❹ 똑바로 치고 싶으면 적극적인 바디 턴(body turn)을 해라.

❺ Out-To-In 스윙이 아닌 In-To-In 스윙을 해야 정교한 샷이다.

❻ 중앙보다 핀을 보고 적극적인 공략이 홀인원에 유리하다.

적극적 몸통회전이 홀인원 비결.

나이키는 왜
우즈를 안 떠났나

축구에 관한 한 영국만큼 열정적인 나라도 흔치 않다. 영국에서 남자의 일생은 어린 나이에 아버지 손을 잡고 축구장을 가는 것으로 시작한다. 청소년기에는 친구들과 함께 축구장을 찾고 나이가 들어서는 자녀 손을 잡고 축구장 가는 것으로 끝난다는 말이 있다. 대를 이어 팀을 응원하는가 하면 저마다의 축구 세계를 만들어 응원하는 팀을 선택한다. 이 팀의 승패에 따라 기쁨과 슬픔을 함께 하는 것이 영국인의 삶이다. 이런 애정이 영국 축구가 명문클럽을 만들어 상업적으로 성공한 이유다. 다국적 기업들은 이들 명문클럽과 스폰서십을 맺거나 선수 후원자로 나서면서 스포츠마케팅을 펼친다.

나이키는 웨인 루니에 이어 해리 케인을 후원하고 잉글랜드 대표팀에 유니폼을 입혀 대성공을 거두기도 했다. 축구에서의 독보적인 성공을 발판으로 골프에도 발을 들여 세계 골프계를 주무른다. 나이키 스포츠마케팅의 정수는 바로 스타마케팅이다.

"44세에 인생의 흥망성쇠를 모두 겪고 15번째 메이저 타이틀을 따낸 것이 놀랍다. 그러나 그가 3살 어린아이 때의 꿈을 여전히 좇는 것은 더 놀랍다."

나이키가 2019년 우즈의 마스터스 우승 직후 SNS에 올린 헌정 동영상 내용이다. 순식간에 나이키 웹사이트에서 우즈 브랜드의 의류와 신발이 매진되고 대략 2,254만 달러의 직접 홍보 효과가 있었다. 나이키는 프로로 데뷔한 1996년부터 우즈와 인연을 맺었다. 전성기를 지나 10여 년간 불륜 스캔들과 음주운전, 부상 등으로 끝없이 추락해 다른 후원사가 모두 떠날 때도 나이키는 묵묵히 우즈의 곁을 지켰다. 이래서 14년 만에 일군 우즈의 마스터스 우승은 나이키에 더할 수 없이 값진 결실이다. 불세출의 농구선수 마이클 조던에 이어 우즈를 발굴해 스타마케팅의 성공신화를 이어갔다.

나이키는 김연아가 피겨 스케이팅의 새 지평을 열 때도 후원사로 나섰고 골프에선 미셸 위와 최경주를 후원했다. 나이키는 우즈 외에도 스캔들로 인한 선수와의 후원계약 해지에 아주 신중하다. 특급 스타에 그만큼 공을 들인다.

농구 선수 코비 브라이언트, 육상 선수 게이틀린, 축구 선수 루니 같은 스포츠 영웅들이 각각 폭행, 금지약물 복용, 성추문으로 물의를 일으켰을 때도 쉽게 곁을 떠나지 않았다. 동성애 비하 발언의 복싱 선수 파퀴아오와 금지약물을 복용한 테니스 선수 샤라포바는 사회적 파장을 고려해 오랜 후원계약을 중단했다.

나이키의 스포츠 마케팅은 골프뿐만 아니라 농구와 축구에서는 이미 정평이 나 있다. 이는 2000년대 초 미국 비즈니스위크가 미국 프로농구에서 센터로 활약한 상하이 출신 야오밍을 커버스토리로 올린 내용에서 드러난다.

"그는 5~6년 걸리는 브랜드 인지도 구축을 최단 시일에 해냈다. 게다가 중국 부흥의 화신이고 중국의 자존심이기도 하다. 그를 잡는다는 것은 곧 인구 13억 명 시장에 다리를 놓는 것이다."

당시 휴스턴 로키츠 소속의 2m 29cm 장신 센터 야오밍은 중국 진출을 노리는 다국적기업에게 보석이었다. 2억 명 이상의 중국 농구팬이 스포츠 영웅 야오밍의 경기 때마다 TV 앞에서 응원했다. 비록 리복이 후원사를 따냈지만 대대적인 광고로 중국의 스포츠 빗장을 열어 젖힌 나이키는 '에어조던'으로 마침내 거대

시장을 점령했다. 지금도 스포츠 마케팅의 교과서로 꼽힌다. 기

업이 이렇게 스포츠에 돈을 쏟아붓는 이유가 뭘까. 말할 것도 없

골프는 본인의 책임 아래 진행되는 신뢰와 정직의 스포츠.

이 투자 대비 광고효과가 훨씬 크기 때문이다.

"스포츠는 나이와 성별, 소득, 교육 수준, 국적, 문화, 지역 등 많은 인구 통계학적 변인을 뛰어넘는 인간 사회의 가장 대중적인 문화입니다."

서울대학교 체육학과 강준호 교수의 스포츠 마케팅 효과에 관한 멘트다. 박세리가 1998년 US여자오픈 때 신발을 벗고 연못에 들어가 환상적인 샷으로 우승을 일궜다. 이 장면은 틈만 나면 TV에 방영돼 외환위기를 겪던 우리에게 감동과 용기를 줬다. 지구촌 전파를 타면서 거둔 직접적인 광고효과만도 당시 돈으로 최소 100억 원을 넘어선다고 한다. 간접적인 효과까지 감안하면, 수백억 원의 가치가 있다. 삼성이 박세리와 처음 맺은 계약금 8억 원, 연봉 1억 원에 비하면 얼마나 남는 장사인가.

이를 계기로 한국에선 골프붐이 일어나 '박세리 키즈'가 탄생했고, 현재 '메이저 사냥꾼' 박인비와 세계 1위 고진영이 세계무대를 주무르고 있다. 일반인도 골프에 눈을 떠 전국에 530개가 넘는 골프장이 들어서고 현재 골프 인구만 500여만 명으로 늘어났다.

반칙을 하면 벌을 받는 스포츠의 공정성과 순수성은 상품과 기업 이미지에 녹아든다. 신뢰와 정직이라는 단어를 각인시키기 때문이다. 시카고대학교 심리학 교수였던 칙센트미하이는 "스포츠는 인간이 가장 잘 몰입할 수 있는 행동으로, 기업이 스포츠에 몰입된 소비자들에게 접근하는 것은 마치 빗장 풀린 대문에 들어가는 것과 같다"고 진단했다. 이러한 스타마케팅은 그 동안 부자나라 기업들의 돈 잔치 정도로 여겨졌다. 특히 골프계에서 우리 기업들의 활동이 아쉽다.

PGA대회에 현대자동차와 CJ, LPGA에는 기아자동차와 롯데, 볼빅 등이 타이틀 스폰서로 참가했다. 주로 여자 골프에 치중되어 있고, 나이키처럼 외국의 초일류 선수를 발굴하는 사례는 더욱 찾기 어렵다. 스타마케팅의 시각이 안으로 닫혀 있다. 대부분 한국 선수에만 한정됐다. 한국은 미국, 일본에 이어 세계 3위의 골프시장이다. 우리 기업들도 제2의 우즈를 찾아내 키우지 못하란 법이 있는가.

김교수의 OB 방지

아마추어에게 가장 괴롭고 힘든 샷이 티샷이다. OB에 대한 두려움 때문이다. 티샷부터 OB를 내면 맥이 풀려 멘탈에 큰 영향을 미친다.

1. 티샷은 드라이버, 우드, 유틸리티를 상황에 맞게 고루 활용한다.
2. 오른쪽이 OB 구역이고 왼쪽이 패널티(해저드) 구역이라면 무조건 OB 없는 방향으로 친다.
3. 드로우 또는 페이드를 시도하지 말고 평상시 구질대로 쳐라
4. 바람을 이기려고 하지 말고 바람에 순응해서 티샷을 한다.
5. 공이 페이웨이를 벗어나 러프 또는 능선에 떨어져도 OB만 없으면 다행이다.

타샷 위해 상황에 맞게 클럽 선택.

프로와 아마 최고수
1홀에 1타차

고수들이 나보다 20~30m 더 장타를 날린 후 공을 귀신같이 핀에 갖다 붙여 홀에 집어넣으면 절로 감탄이 나온다. 그린 근처 60m 이내에서 웨지로 공을 핀 주변 1m 안에 떨어뜨리는 기술은 더욱 압권이다. 이런 아마 초고수가 프로선수와 붙으면 어떤 결과가 나올지 궁금하다. 일반인에게 잘 알려지지 않았지만 실제 성인 아마추어가 프로대회에 초청받아 출전하기도 한다. GS칼텍스 매경오픈이 대표적이다. 한국미드아마추어골프연맹 KMAGF이 평가하는 아마추어 랭킹 1위에 오르면 이듬해 대한골프협회KGA 주관 매경오픈 출전권이 주어진다.

2020년 한국의 공식 아마추어 랭킹 1위가 이 대회에 참가했다. 그는 한 해 전 아마추어 대회에 9차례 나가 모두 톱10에 오르면서 골프 최고수로 인정받았다. 그의 비공식 베스트 스코어는 63타다. 그가 2020년 8월 엘리시안 강촌CC에서 열린 GS칼텍스 매경오픈에 출전했다. 프로선수 유송규, 김홍택과 한 조를 이뤄 첫날엔 80타를 기록했다. 동반자 김홍택은 73타, 유송규는 69타를 쳤다. 이날 최고 플레이를 펼친 강경남 선수는 63타로 그와 무려 17타, 거의 홀 당 1타 차이를 보였다. 첫날 순위는 126명 중 123위였다. 출전 선수의 평균타수는 71.83타로 그 아마추어 선수와 8타 차이가 났다. 60대 타수를 기록한 선수는 34명이었다.

그러나 그는 둘째 날 74타를 쳐 프로선수들과도 겨룰 만했다. 이날 성적만으론 공동 84위. 하지만 합계 154타로 공동 120위에 머물러 결국 본선 진출에 실패했다. 78명이 본선에 진출했는데 커트라인은 합계 144타로 18홀 기준 평균 72타였다. 평균 이븐타를 쳐야만 본선에 진출할 수 있었다. 우승자는 GS칼텍스 매경오픈 역사상 처음으로 대회 2연패를 달성한 이태희로 최종 합계 11언더파 199타를 기록했다. 1라운드 65타, 2라운드 67타, 3라운드 67타로 한 라운드 평균 66.33타를 쳤다. 아마추어 최고수와는 한 라운드 평균 11타 차이가 나는 셈이다. 아마추어와 프로 선수의 실력 차이를 실감한다.

평소 버디를 밥 먹듯 하던 그는 첫날과 둘째 날 각각 한 개씩 잡았을 뿐이다. 아마 최강자가 프로기사와 돌을 깔지 않고 바둑을 두는 것을 연상케 한다. 일본 근무 경험이 있던 한 직장후배는 프로선수 경험을 지닌 친척의 도움으로 3년간 제대로 골프를 배웠다. 귀국 후 함께 라운드를 종종 했는데 자세도 일품이고 티샷 거리도 족히 230m를 넘기는 장타였다. 그가 충청도에서 열린 3부 투어격인 프런티어투어에 출전한 경험을 들려줬다. 경기 도중 너무나 창피해 포기하고 싶은 맘이 간절했다고 한다.

겨우 경기를 종료한 후 재빨리 골프백을 챙겨 도망치듯 골프장을 빠져나왔다고 한다. 나름 자신감을 갖고 3부 투어에 출전했는데 엄청난 벽을 실감하고 그 이후로 겸손한 골퍼가 됐다고 말한다. 일단 티샷할 때부터 스윙 스피드와 임팩트에 압도당했다. 비거리도 최소 30m 차이가 났다. 참가자들은 주로 미래 프로골퍼를 꿈꾸는 10대 후반이 많았는데 파워가 넘쳤고 정확도도 일품이었다.

이들은 대회 성적이 좋아야 2부 투어와 공식 프로경기에 출전할 수 있는 절박한 심정으로 경기에 임했다. 그냥 자기 기량을 알아보려고 호기심에 출전한 자신이 너무 부끄러웠다. 티샷 비거리가 가장 짧아 항상 가장 먼저 세컨드 샷을 날려야 했다. 문

프로선수들의 단단한 티샷 셋업은 주말 골퍼와는 다르다

제는 그린에서였다. 다른 선수들은 대부분 투온인 반면 후배는

서너 번에 한 번 꼴로 투온에 성공했다. 그린에서 선수들이 기다

리고 있으면 혼자 칩샷을 하거나 투온 시켜도 핀까지 거리가 멀

어 항상 퍼팅을 먼저 해야 했다. 부산하게 먼저 움직여야 하니 스코어를 제대로 기억하기조차 힘들었다.

경기가 진행되면서 이상한 사람이 왔다면서 동반자들이 자신을 우습게 보지나 않을까 하는 열등감마저 들었다고 한다. 홀이 거듭될수록 캐디에게도 미안해 짧은 퍼팅도 번번이 홀을 비켜나갔다. 심지어 자신 때문에 다른 선수들이 경기를 망치지나 않을까 걱정됐다. 당연히 경기가 잘 풀릴 리가 없었다.

경기에 임하는 정신력과 자세, 일관된 리듬과 루틴은 아마추어들이 상상하기 힘들 정도였다고 회상했다. 그 이후로 그는 프로선수들을 보는 눈이 달라졌으며 어디 가서도 실력을 내세우지 않는다.

몇 년 전 여자 프로선수 김하늘, 당시 레이크사이드 대표와 조를 이뤄 라운드를 돌았다. 장신의 대표는 레이크사이드 남인코스 2번 파5홀에서 티샷한 공이 연못을 넘어갈 정도의 장타자였다. 그 대표는 김하늘보다 최소 10m 이상 티샷을 날렸다. 하지만 핀에 가까워질수록 김하늘에 밀렸다. 김하늘은 홀까지 거리는 많이 남았지만, 정확한 아이언 샷으로 항상 핀 2m 내외에 공을 붙였다. 대표와 나는 들쭉날쭉 투온을 하더라도 간혹 핀 근처에 공을 부치고 대부분 소위 '민기리 제주도 온'이었다.

퍼팅도 김하늘은 1m 내외에선 70% 정도 성공했지만, 우리의 성공률은 절반 이하였다. 소나기가 와서 중간에 라운드를 멈췄지만 프로선수의 진면목과 벽을 실감했다. 김하늘은 경기를 마치고 프로는 아마추어와는 달리 먹고 사는 생업이 달려 있어 절박한 심정으로 경기에 임한다고 말했다. 일정한 목표로 실력을 늘려가는 것은 괜찮지만 골프를 정복하겠다는 마음은 버리는 게 좋다는 말도 들려줬다. 김하늘의 마지막 던지는 말이 뇌리에 꽂혔다. "너무 스트레스 받지 말고 골프를 즐기세요. 저희도 골프 정복 못합니다."

그 동안 골프를 하고 집에 오면 많은 스트레스에 시달렸다. 원하는 만큼 스코어가 나오지 않거나 내기에서 어이없이 많이 잃었을 때마다 스트레스를 받았다. 매너에 문제가 있는 동반자를 만났거나 골프를 가르쳐준 사람의 실력이 나아져 나에게 레슨을 할 때도 마찬가지다. 만년 하수로 여겼던 동반자가 어느 순간 나를 추월해도 감내하기 힘들다. 그때마다 옆에서 지켜보던 아내는 그렇게 스트레스를 받으면서 왜 골프를 하느냐며 의아해한다. 그래도 요즘은 좋은 성적을 내면 더 기쁘고 무엇보다 동반자와 공간과 시간을 공유하며 편안하고 즐겁게 보내는 쪽으로 방향을 잡는다. 연세가 지긋한 동반자 한 분의 말을 들은 후, 골프에 대한 가치관이 좀 변한 것 같다.

"유사 이래 골프를 완성한 사람은 아무도 없다. 부단한 연습과 공부는 좋다. 하지만 행복해야 할 골프가 지나친 스트레스로 다가오면 도대체 그 의미는 뭔가."

김교수의 **뒤땅 없애기**

뒤땅은 공식 용어는 아니고 정식용어론 팻샷(fat shot)이라 한다. 클럽이 잔디에 두껍게 파고든다는 의미다. 비거리에 손해를 입는다.

❶ 무조건 한 클럽 더 크게 잡고 부드럽게 스윙한다.

❷ 상체의 힘을 빼고 하체도 힘을 뺀다.

❸ 샷하기 전 평상시 루틴대로 원칙을 지켜라

❹ 빙판 위에서 볼을 맞추겠다는 이미지로 스윙한다.

❺ 안전하게 공이 놓여있을 때 특히 신중하게 셋업해야 한다.

템포(tempo, 스윙 소요시간)와 타이밍(timing, 몸동작 순서)이 조화를 이루면 뒤땅 없는 스윙이다.

쓸지 않고 찍어 쳐야 뒤땅 방지.

골프 복장
신경 쓰이시죠

빨강과 검정은 골프황제 타이거 우즈의 상징이다. 2021년 초대형 교통사고 이후 재활 과정에도 종종 골프장에 등장하면 여전히 이 색상을 고수한다. 심지어 아들 찰리도 우즈를 따라 빨강과 검정 복장으로 모습을 드러낸다. 이 두 색상의 조합이 우즈보다 더 각인된 이미지도 찾기 힘들다. 우즈는 우승을 겨루는 날이면 한결같이 빨강 상의에 검정 하의를 입었다. PGA 입문 이후 20여 년간 변함이 없었다.

"빨강은 강한 자신감의 표현으로 열정적이고 당당한 심리의 발로이자 상대방에 공격성을 투사합니다. 검정은 상대를 제압하고 에너지를 빨아들이는 블랙홀이죠."

색체 심리학을 연구하는 제이컬러이미지의 김효진 대표는 우즈의 패션을 열정과 카리스마로 규정한다. 우즈가 승부사로서 얼마나 공격적이고 권력지향적인지가 패션에서 드러난다. 미국 LPGA에서 9승을 올린 최나연이 치마를 입고 골프하는 모습을 본 사람은 없을 것이다. 프로 입문 이래 오직 바지만 입고 출전했다. 최나연은 2017년 한국여자프로골프 OK저축은행 대회를 앞두고 우승하면 치마를 입겠다고 말할 정도로 바지파다. 우승과 바지를 맞바꿀 정도로 바지에 집착한다. 최나연은 바지만 고집하는 이유로 그냥 치마는 스윙에 불편할 것 같아 바지를 입다 보니 그대로 굳어졌다고 밝혔다. 결국 그 대회에서 우승하지 못해 계속 바지를 입었다. 메이저 사냥꾼 박인비도 줄곧 바지를 고집하다 2014년 혼다LPGA타일랜드 대회에서 처음 치마를 입었다. 그러나 여전히 바지를 고수한다. 박성현, 김효주도 대표적인 바지파다. 모두 미려함보다 실용을 추구한다.

한때 프로골프에서 최고의 패션을 추구한 사람은 누가 뭐래도 미국의 나탈리 걸비스였다. 비키니 모델로도 등장한 걸비스는 훤칠한 키에 미모를 겸비해 골프대회 단골 초청 대상이었다. 정작 성적은 2007년 에비앙마스터스 우승 외에 별다른 두각을 드러내지 못했다. 지금은 엄마가 된 신장 182cm, 미셸 위의 파격적인 골프패션도 센세이션을 일으켰다. 2017년 HSBC위민스챔피언십에서 어깨가 노출되고 몸의 윤곽이 훤히 드러나는 붉은 민소매에 하얀 미니스커트로 출전해 골프계를 놀라게 했다. 당시 골프팬과 관계자들은 그녀의 의상이 너무 선정적이라며 난리가 났는데, 레이서 백Racer Back 으로 불리는 골프전용 셔츠 때문이었다. 후원사인 나이키가 입힌 것이다.

국내 골퍼로는 강수연이 원조 필드의 패션모델이다. 동양인으로는 늘씬한 몸매와 미모로 미국에서도 인기를 모았다. LPGA 맏언니로서 22년의 선수생활을 마감하고 2018년 하이트진로챔피언십에서 은퇴했다. 국내투어 포함 통산 12승의 강수연의 뒤를 이어 서희경, 안신애, 유현주 등이 필드의 패션모델 계보를 이어받아 갤러리를 설레게 했다. 특히 안신애는 국내 여자골프계에 미니스커트 바람을 몰고 온 주인공으로 2017년 일본에서 화끈한 데뷔를 했다. 숱한 갤러리가 안신애를 보기 위해 초만원을 이뤄 열도를 뜨겁게 했다.

여자 프로선수의 패션이 더욱 두드러지는 것은 본인 취향이기도 하지만 후원사 주문에 기인한다. 급기야 미국 LPGA는 2017년 선수들에게 과도한 복장 금지 조치를 취했다. 가슴이 깊이 팬 상의나 너무 짧은 스커드를 금지하고 하반신이 드러나는 레깅스는 치마바지나 반바지 아래에 걸쳐 입는 것만 허용했다. 치마는 엉덩이를 가릴 정도가 돼야 한다고 규정했다. 실력에 초점이 맞춰져야 할 골프가 너무 외형에 치중해 골프 정신에 배치될 수 있다는 취지다.

한국 아마추어 골퍼들의 패션도 화려한 편이다. 외국 골프장에서 한국인, 중국인, 일본인을 쉽게 구별할 수 있다는 이야기도 있다. 필드에서 소리가 큰 편이다 싶으면 중국인, 뒤 팀이 따라오면 재빨리 공을 집어 들고 다음 홀로 이동하면 일본인, 화려한 패션에다 마스크까지 하면 한국인이다. 세 나라의 국민 특성에 따라 행동도 달라진다는 내용이다. 그만큼 우리나라 골퍼들이 패션에 신경을 많이 쓴다. 한국을 방문한 외국인들은 두 종목 패션을 보고 놀란다고 한다. 바로 화려한 등산복과 골프복이다.

나는 골프라는 단어 앞에 서면 항상 두 가지 고민에 봉착한다. 첫 번째는 어떻게 하면 좋은 성적을 올리느냐다. 두 번째는 어떤 옷을 입을까다. 첫 번째가 실력의 문제라면 두 번째는 선택의 문제다.

패션 감각이 무딘 나로선 특히 일교차가 큰 날 아침에 필드에 나가면 전날 저녁부터 머리가 복잡하다. 색상과 스타일에다 날씨까지 감안하면 마치 고차방정식을 푸는 느낌이다. 어떤 때는

상의를 밖으로 내더라도 헐렁하거나 스윙에 방해가 되면 곤란.

아예 집에 있는 골프복을 통째로 싸들고 가서 라커룸에서 결정
하기도 한다. 3년 전 TV에서 흐뭇한 골프 장면이 눈에 잡혔다.
그 당시 멕시코에서 열린 WGC멕시코챔피언십에서 선수들이
반바지 차림으로 샷을 했다. 필 미켈슨이 반바지를 입고 멋진 샷
을 날려 시원하고 편안했다.

다름 아닌 미국 PGA에서 연습라운드와 프로암 대회에서 선수들에게 반바지 차림을 전격 허용했던 것이다. 신사 스포츠라며 긴 바지에 깃이 달린 상의를 고집하던 90년 전통과 관습에서 탈피해 실용을 택한 것이다. 단 반바지는 무릎 길이의 단정한 차림이어야 하고 스타킹이나 레깅스를 받쳐 입으려면 단색이어야 한다. 대부분의 선수가 이를 반겼다.

미국의 일반 골프장은 아마추어들에겐 복장에 관한 한 노터치다. 오거스타 등 소수의 회원제를 빼곤 반바지는 물론 티를 입어도 무방하다. 우리와 달리 골프가 권위와 무게를 벗어버린 지 오래다. 요즘 국내 대중골프장에서도 대부분 반바지 차림을 허용한다. 하지만 아직도 권위를 내세우며 드레스 코드를 강요하는 곳도 있다. 이에 골프장 부킹업체인 X골프의 조성준 대표는 골프장 반바지 캠페인을 벌여왔다.

골프 본고장인 스코틀랜드는 물론 미국에서도 반바지 차림이 일상화됐는데 복장 자율화는 당연하다. 몇 년 전 오바마 전 대통령을 보더라도 반바지 입고 퍼팅 후 몸 쓰는 장면이 얼마나 편하고 재미있는가. 골프 대중화라는 추세에도 맞고 사치 스포츠라는 오명도 벗는다.

● 이런 복장은 곤란해요

옷에 대한 사람들의 인식은 복합적이다. 멋을 추구하는 사람도 있고 그냥 편하게 실용적으로 접하는 사람도 있다. 개인의 가치관마저 내포돼 일률적으로 규정할 수 없다. 그러나 옷을 잘 입지는 못하더라도 형편없다는 평가를 받으면 곤란하다. 패션 테러리스트로 지목되는 참사는 없도록 하자.

① 느슨하고 늘어진 패션

평소 약간 크고 헐렁하게 입는 것이 멋으로 작용할 수도 있다. 그러나 골프를 하면서 이런 복장은 스윙에 걸림돌이 된다. 몸에 적당하게 달라붙어 윤곽을 살리면 무난하다. 허리띠가 약간 밑으로 처지면서 통 넓은 바지는 전통적인 패션이지만, 요즘은 찾아보기 힘들다. 바짓단도 발목 밑으로 너무 내려가지 않고 골프화 위에 살짝 올려지는 게 좋다. 독일이 유대인 자존감을 무너뜨리려고 수용소에서 일부러 크고 헐렁한 옷차림을 강제했다는 이야기도 있다.

② 상하의 모두 화려한 원색

남들 이목보다는 자기만의 개성을 추구하는 것도 나쁘지 않다. 그렇다고 상하의 모두 화려한 원색으로 치장하는 것도 한물 갔다. 노랑 상의에 녹색 하의 이런 식은 곤란하다. 한때 골프복장도 등산복처럼 삼원색 패션이 크게 유행했다. 빨강 등 강한 원색이 유행했으나 요즘은 무채색 계열의 점잖고 세련된 스타일로 흐르는 것 같다. 무채색 복장에 눈에 띄는 골프화나 장갑 하나만으로도 멋을 낼 수 있다.

③ 양말과 허리띠도 패션

샷을 할 때 살짝 드러나는 양말에서도 멋을 느낄 수 있다. 발을 내디딜 때마다 보이는 양말도 뒤에서 보면 멋진 패션이 된다. 맨살이 보이지 않을 정도의 길이면 된다. 허리띠도 무시하지 못한다. 정장을 입을 때 사용하는 허리띠를 골프복장에 적용하면 이상하다. 양말과 허리띠가 패션을 완성하는 마지막 단계다.

④ 상의를 하의 밖으로 내느냐

상의를 하의 안에 넣을지 말지 고민할 때가 있다. 보통 바지 안으로 넣지만 요즘엔 정석이 없다. 스윙을 하다 보면 상의가 밖으로 자꾸 나와 그때마다 계속 안으로 넣기도 번거롭다. 상의가 짧으면 밖으로 내고 길면 안으로 넣어 단정하게 정리한다. 길고 헐렁한 상의를 밖으로 내면 보는 사람이 괴롭다.

제이컬러이미지 김효진 대표는 힘들고 지칠 땐 오렌지 계열 의상을 추천한다. 김 대표는 "사람에게도 색에 따른 궁합이 있다"면서 "오렌지색은 지칠 때 우리에게 안정감을 주고 편안함을 유도하는 치유의 색상"이라고 밝혔다. 친목을 도모하고 즐거워야 할 골프가 패션 때문에 시간적으로나 경제적으로 너무 신경 쓰여도 곤란하다. 취향과 여건에 맞게 좀 더 편하게 다가서면 어떨까.

"옷을 자신의 가장 중요한 일부로 삼는 사람은 일반적으로 오로지 그 옷의 가치로만 평가받을 것이다." 윌리엄 해즐릿이 남긴 말이다.

캐디 팁,
줘야 하나 말아야 하나

"캐디피도 오르는데 굳이 줄 필요가 있겠나. 거리 측정은 말할 것도 없고 마크하고 라인도 우리가 읽는데 그렇게까지…"

얼마 전 한 동반자가 버디를 잡은 후 캐디에게 팁을 주려고 하자 또 다른 동반자가 들릴 듯 말 듯 개미만한 목소리로 제지했다. 그 순간 동반자는 움찔하며 지갑을 열려던 손을 도로 가져갔다. 골프가 끝난 후 캐디피를 정산하면서 우리는 13만 원에 1만 원 더 얹어 14만 원을 캐디에게 건넸다. 골프장을 빠져 나와 식사를 하며 캐디 팁에 관한 생각을 나눴다. 버디를 잡았을 때 팀당 최대 두 번까지는 팁을 줘도 되지 않느냐는 의견이 있었다.

골프를 끝내고 다시 팁을 만 원 더 얹어주면 최대 3만 원이 캐디 팁으로 나가는 계산이다. 내기를 위해 공동으로 거둔 돈이 아닌, 기분 좋아 본인 지갑에서 꺼내는 건 별로 문제될 게 없지 않느냐는 취지였다. 더구나 라인 읽는 데에 도움까지 줬다면 그 정도는 과하지 않다는 것.

대체로 경기 중에 버디를 하면 한 번 정도 팁을 건네고 종료 후에 캐디피에 얹어 한 번 더 주는 경우가 합리적이란 의견도 있었다. 버디를 번갈아 잡을 때마다 팁을 주는 게 아니라 일행을 통틀어 경기 중 한 번만 건넨다는 의미다.

경험상 이런 방식이 가장 많은 편이다. 캐디피 13만 원이면 최종 팁까지 더해 총 15만 원이 캐디에게 주어진다. 친절하고 본연의 일에 충실하단 생각이 들면 경기 도중이 아니라 끝나고 클럽을 정리할 때 만 원만 얹어주면 된다고 강조하는 파도 있다. 팁을 이리저리 남발할 게 아니라 종합 판단을 한 후 괜찮다는 생각이 들면 그제서야 팁을 주어야 한다는 주장이다. 호구도 아니고 이래도 팁, 저래도 팁을 주면 곤란하다는 의미다. 아예 팁 무용론을 강조하는 사람도 있다. 모든 서비스에 대한 대가를 캐티피로 지불하는데 왜 팁을 따로 주어야 하느냐는 지론이다.

그는 음식점이나 유흥업소에서 습관적으로 딥을 건네는 심리가 그대로 골프장에서도 발현된다고 본다. 코로나 이전에 동남아 골프장에서 한국 골퍼들이 막무가내로 팁을 올려놓은 것도 이와 무관치 않다고 지적한다. 참고로 캐디에게 건네는 팁이 문제가 되는 부분은 스킨스 게임을 할 경우다. 한 홀에서 일정 타수 이상을 치면 딴 돈을 토해내는 일명 조폭 스킨스 게임이나 OECD룰을 적용할 때다.

가령 4만 원을 딴 상태에서 트리플 보기를 했다면 4만 원 모두, 더블 보기였다면 절반인 2만 원을 해당 홀 승자에게 따로 건내는 방식이다. 누가 버디를 잡았다면 그동안 딴 돈을 모두 주인공에게 줘야 한다. 만약 이전 홀에서 버디를 잡은 사람이 딴 돈에서 캐디에게 팁을 건넸다면 다시 받아서 그 홀 버디 주인공에게 줘야 한다. 본인이 버디를 할 때마다 딴 돈으로 팁을 줬다면 판돈에서 팁이 나갔다고 보기 때문이다. 기분 내려고 공금을 유용하는 것과 같다. 굳이 기분을 내려면 딴 돈이 아니라 자기 지갑을 따로 열어 캐디에게 팁을 줘야 한다.

IT기기가 골프에도 도입되면서 캐디 역할도 예전과 달라지고 있다. 우선 골퍼들의 거리측정기 지참으로 캐디가 핀까지 거리를 읽어주는 현상이 갈수록 사라진다. 거리측정기를 준비 못한 골퍼는 동반자에게 물어 거리를 읽는다. 필드에서 고함을 질러가며 캐디에게 거리를 묻는 것도 옛일이 됐다.

코로나 바이러스 검사나 확진자 접촉으로 불가피하게 당일 동반자가 빠져 2~3인 플레이를 하는 경우도 발생한다. 그럼에도 캐디피는 4인 플레이 때와 똑같다. 플레이어 수가 줄어들면 업무량도 줄어 캐디피도 내려야 한다고 생각하는 사람도 있다. 수도권 캐디피는 13~15만 원이다. 한국레저연구소가 발간하는 〈레저백서〉에 따르면 전국 캐디 종사자는 3만 1,840명이며 캐디피 시장규모는 1조 3,489억 원이다. 캐디 1인당 연봉은 4,237만 원으로 조사됐다.

습관적인 팁 남발은 과잉친절로 흐를 수 있다. 차라리 게임에 패배해 속으로 끙끙 앓는 동반자에게 건네는 것이 백번 낫지 않을까. 얼마 전 옛 직장동료와 홍천에서 골프를 한 적 있었다. 팁 없이 캐디피 13만 원을 거둬서 지불했다. 짐 정리를 끝내고 인사까지 하고 돌아선 캐디에게 한 동반자가 살짝 다가가 남모르게 팁을 전하는 모습이 보였다. 진정성이 묻어났다.

● 캐디의 세계–그녀들에겐 연습 스윙이 없다

"캐디들에겐 연습 스윙이 없다."

예전 전국 캐디 골프대회에서 나온 말이다. 그 대회를 3무無

대회로 불렸다. 연습 스윙 없고, 공 잃어버리지 않고, 그린에서 라인을 읽지 않는다는 의미다. 아마추어 골퍼들의 반복된 연습 스윙에 얼마나 진절머리가 났으면 티잉 구역에 들어서자마자 바로 드라이버로 티샷을 날려버릴까. 필드 안과 밖을 가리지 않고 날아간 공은 귀신같이 찾는다. 그린에 올라와선 바로 마크하고 공을 놓는다. 올라오면서 미리 경사와 방향을 파악해 라인을 읽었기 때문이다. 골퍼들이 하도 많이 물어봐서 라인 읽는 박사가 됐다.

캐디Caddy란 용어는 기록으로 전해지는 여성 골퍼 1호인 스코틀랜드의 메리 스튜어트(1542~1587) 여왕과 관계가 있다. 골프광 메리 여왕이 필드에서 경호를 맡았던 육사생도 카데Cadets에게 클럽을 맡긴 데서 유래했다. 여왕이 남자 경호원에게 캐디를 맡겼는데 시간이 흘러 주로 여성들이 캐디에 종사하는 것도 역설적이다.

캐디로 입사하면 보통 2~3개월 동안 이론과 실전 교육, 서비스 교육 등을 받은 후 현장에 투입된다. 전문 캐디 양성센터도 점점 생긴다. 별도 자격증이나 고학력을 요구하지는 않는다. 캐디는 특수 형태 근로종사자로 불린다. 근로자와 자영업자의 중간에 속하는 산업재해 부분에선 일반 근로자와 다르게 적용받는다.

아이를 둔 젊은 주부들에게 인기가 있는 편이다. 근무 형태가 유연해서다. 하루에 한 라운드를 돌 수도 있고 주말과 평일 조를 선택할 여지도 주어진다. 캐디 평균 연봉은 4,200만 원 정도다. 원하면 라운드 횟수를 늘려 한 달에 600만 원을 벌기도 한다. 하루 근무시간은 출퇴근 포함해 7시간 전후다. 결혼에 따른 출산으로 쉬었다가 보육 여건이 허락하면 다시 나올 수 있어 경력 단절도 없다. 간혹 고학력자가 눈독을 들이기도 한다.

캐디들의 애로는 출근 여건과 날씨다. 주거지 인근에 위치한 골프장이라면 모르겠지만, 차로 1~2시간 떨어진 교외 산속에 골프장이 위치한다. 그래서 보통 골프장 인근 캐디 숙소에 머문다. 문화생활을 하기에 지리적으로 한계가 있다. 무엇보다 날씨에 따른 어려움이 가장 크다. 폭염이나 혹한에도 라운드를 돌아야 한다. 고객이 원하면 비 오는 날에도 클럽을 들고 뛰어야 하고 경사를 오르내린다. 오랜 캐디 생활을 하다 그만두는 이유를 물어보면 관절이 좋지 않아서라는 이유가 많다. 그린에서 수없이 앉았다 일어섰다를 반복한 데 따른 것이다.

여러 클럽을 한 쪽 허리에 끼고 필드를 이동하는 것도 척추 변형에 영향을 준다고 한다. 캐디들은 걷는 것은 운동이 아니라

노동이라고 하나같이 입을 모은다. 골프장 캐디에게서 유일하게 볼 수 없는 게 뭘까. 안경이다. 필자도 아직 안경 낀 캐디를 본 적 없다.

물론 안경을 낀 사람이 캐디로 입사하려는 경우가 흔치 않은 점도 있다. 하지만 항상 시야를 멀리하고 녹색 잔디와 파란 하늘을 보면서 시력이 좋아진 것이 요인으로 작용한다.

골프용어 유래를
아시나요

아침에 차를 몰고 골프장으로 향하면서 간혹 궁금한 생각이 든다. 골프장 이름이 ○○CC인지 ○○GC인지 헷갈린다. CC는 컨트리클럽Country Club의 준말로 골프 코스뿐만 아니라 승마, 요트 등 다양한 레저시설이 있는 리조트 성격이 강하다. GC는 골프클럽Golf Club의 줄임말로 골프만 할 수 있는 골프장을 말한다. 국내에서는 좀 넓고 다양한 의미를 지닌 컨트리클럽의 인상을 풍기기 위해 CC를 많이 붙이는데, 엄밀하게 말하면 GC가 대부분이다.

골프장에 도착하면 클럽하우스 앞에서 골프 백을 내린다. 여기서 말하는 영어 'Club'은 공을 치는 막대로 골프채를 말한다.

원래 캐디가 클럽을 넣어 지고 다닌다고 해서, '캐디백'이라고
도 한다. 옷과 신발 등이 담긴 손가방이 보스턴백이다. 보스턴백
은 바닥이 직사각형이고 위는 둥그스름한 여행용 손가방을 일컫
는데 보스턴 대학생들이 처음 사용해 생긴 명칭이다. 골프를 처
음 배울 때 캐디백과 보스턴백이 헷갈리기도 한다.

첫 홀에서 티 위에 올려진 공을 클럽으로 휘두르는 행위가
티샷이다. 'Tee'는 공을 올려 놓는 나무나 플라스틱을 말한다.
'Shot'은 공을 클럽으로 치는 것을 말한다. 첫 티샷을 하는 장소
를 티잉 구역이라고 한다. 영어로는 'Teeing Area'다. 보통 티 박
스라고도 하는데 티잉 구역이 바른 표현이다. 늦게 오는 사람에
게는 티업 혹은 티오프 시간에 맞춰서 오라고 한다. 티업Tee-Up
은 티에 공을 올려놓는 행위, 티오프Tee-Off는 공이 티에서 떨어
져 나가는 것으로 둘 다 골프 시작 시점을 말한다. 티는 공을 올
려놓기 위해 모레를 다져놓다가 1920년 미국의 치과의사 로엘
이 고심 끝에 나무를 깎아 만들면서 비롯됐다. 첫 티샷은 누구에
게나 부담스럽다. 그래서 티를 던져 순서를 가리기도 하는데 요
즘은 그냥 카트에 백이 실린 순서대로 정하기도 한다.

드라이버로 친 공이 OB 구역으로 날아가기도 한다. OB는
'Out Of Bounds'의 준말로 정해진 코스 영역을 벗어난 것을 말

한다. 공이 페널티 구역에도 빠진다. 이는 연못이나 위험지역에 공이 들어가는 것을 말하며 예전의 해저드를 뜻한다. OB가 났을 때 멀리건을 주며 벌타 없이 다시 치도록 하기도 한다. 멀리건을 동반자들이 주는 경우가 있는데 진행을 유도하는 캐디의 허락을 받는 게 매너다. 멀리건은 페어웨이나 그린에서는 사용하지 못한다. 요즘 친구들과 멀리건 없이 게임을 하곤 하는데 더 긴장되고 신중하게 임하게 된다. 미국 대공황 시절 동반자를 구하지 못한 골퍼가 골프장 라커맨을 동반했는데, 실수하면 다시 쳤던 라커맨의 이름 'Mr. Mulligan'에서 유래됐다고 한다.

공이 코스를 벗어나 날아갈 때 보통 "볼~"이라고 외치는데 원래는 "포어Fore ~"가 맞다. 골프 초기에 공이 비싸 잃어버리지 않도록 캐디를 낙하 예상지점에 세워놨는데, 조심하라는 의미로 "포어"를 외쳤다.

페어웨이는 말 그대로 평평한 길을 말하는데, 바다의 항로 'Fairway'에서 따온 말이다. 러프Rough 는 페어웨이 주변 거친 풀이 있는 지역이다. 클럽으로 공을 빼내기가 쉽지 않다. 캐디는 기록상 여성 골퍼 1호인 스코틀랜드의 메리 스튜어트 여왕과 관계가 있다. 골프광이었던 메리 여왕이 필드에서 경호원인 육사생도 '카데'에게 클립을 맡긴 데서 유래했나. 캐니Caddy의 어원 가데Cadets는 프랑스어로 생도, 아우를 뜻한다.

파4홀에서 공을 4번 쳐서 그린의 구멍에 들어가면 파, 5번째 들어가면 보기, 다음은 더블 보기, 트리플 보기, 더블 파 순서로 올라간다. 파Par는 1870년 브리티시오픈 때 우승 스코어를 예측하면서 주식의 액면가를 뜻하는 'Par Figure'에서 기준 타수 개념을 빌려왔다. 보기는 파보다 먼저 기준 타수로 사용됐다.

당시 유행가인 '보기맨The Bogey Man'에서 따왔는데 '어둠 속에 숨어다니며 못된 아이를 잡아가는 귀신'을 뜻한다. 처음 기준 타수는 보기였다가 뒤에 파에 자리를 물려줬다. 거꾸로 파5홀에서 네 번 만에 공을 넣으면 버디Birdie, 세 번은 이글Eagle, 두 번은 앨버트로스Albatross라고 한다. 버디는 Bird에서 나온 말로 새처럼 공이 잘 날아가 홀에 들어간 데서 유래했다. 사람 뒤에 ~ie를 붙여 애칭으로 하듯이 골프 스코어도 사랑스럽게 표현했다. 새 이름이 나온 후 성적이 좋으면 더 큰 새 이름을 갖다 붙였다. 앨버트로스는 지구상에서 가장 큰 새로 파5홀에서 두 번째 샷, 파4홀에서 첫 번째 샷으로 공을 집어넣어야 한다. 확률은 200만분의 1이라고 한다.

이론상으로 파5홀에서도 바로 공을 집어넣을 수 있는데 이를 '콘도르Condor'라고 부른다. 티샷으론 불가능하고 파6홀에서 두

번째 샷으로 공을 넣으면 된다. 역사상 4명의 골퍼가 콘도르를

달성한 적이 있다고 전해진다. 기준 타수보다 5타 적으면 타조를

뜻하는 '오스트리치Ostrich'라고 하는데 지금까지 한 명도 없다.

골프 용어의 기원을 알면 골프를 더 풍성하게 즐긴다.

불사조를 의미하는 '피닉스Phoenix'는 기준 타수보다 6타 적은 것을 말한다. 피닉스는 이론상 용어일 뿐이다.

홀인원을 의미하는 'Hall-in-one'은 파3홀에서 한 번의 샷으로 공을 집어넣은 것을 말한다. 한번 OB를 내고 다시 친 샷이 구멍에 들어간 것은 홀인원 대신 에이스라고 한다. 아마추어의 홀인원 확률은 1만 2,000분의 1에 달한다.

어프로치 샷Approach Shot은 공을 그린에 올리기 위해 가까운 곳에서 하는 샷을 말한다. 칩 샷Chip Shot은 그린 근처에서 직접 홀을 노리는 샷으로 공은 높이 뜨지 않고 낙하한 다음 많이 굴러간다.

온 그린On Green 후에는 마커Marker로 표시하고 공을 닦은 후 다시 놓고 퍼트Putt를 한다. 퍼트하는 행위를 퍼팅Putting이라고 하는데 같은 의미로 사용한다. 이때 사용하는 클럽이 퍼터Putter다. 요즘은 그린에서 깃대를 뽑지 않고도 퍼트를 하는데 이 깃대를 핀Pin이라고 한다. 홀 근처에 공이 놓이면 '오케이Okay'라며 동반자가 공을 집어준다. 다음 퍼팅을 성공한 걸로 배려하는 것인데 '컨시드' 혹은 '김미'가 정확한 표현이다. 프로선수들은 컨시드 대신 김미를 주로 사용한다. 멀리건과 오케이는 흔히 일란성 쌍둥이로 통한다. 골퍼라면 누구나 받고 싶은 유혹을 느끼는

데 남발하면 흥미가 반감된다.

골프클럽 용어도 좀 낯설다. 공을 멀리 보낼 때는 우드를 쓴다. 초기에는 나무로 만들었는데 1번 우드는 드라이버Driver, 3번 우드 스푼Spoon, 5번 우드는 크리크Cleek로 부른다. 모레가 있는 벙커Bunker에서 쓰는 클럽이 샌드 웨지Sand Wedge다. 비거리가 가장 긴 웨지로 장애물이 없는 평탄한 곳에서 사용하는 클럽이 피칭 웨지Pitching Wedge다.

클럽의 손잡이 부분을 그립Grib, 그립과 헤드Head 사이 막대 부분이 샤프트Shaft다. 클럽에서 가장 중요한 부분이 탄성과 관련된 샤프트인데 나이가 들면 스틸 대신 보통 그라파이트 소재를 사용한다. 골프는 원래 스코틀랜드 양치기들이 심심해서 막대기로 토끼굴에 돌을 집어 넣으면서 시작됐다고 한다. 그래서 용어도 대부분 영어에서 따왔다.

그런데 유일한 한국식 골프 용어가 있다. 우리가 흔히 쓰는 뒤땅이다. 뒤땅은 클럽이 공 뒤 잔디에 맞아 공이 멀리 나가지 않는 상태를 말한다.

평일 골프장은
여성 천하

　월요일 아침 6시 정각, 서울 서초구의 한 스포츠센터. 문이 열리자마자 중년의 여성들이 골프연습장 라커룸에서 줄줄이 골프백을 들고 나온다. 4인 1조로 SUV나 봉고차에 골프백을 싣고 어디론가 떠난다. 그린피가 저렴한 월요일 아침 시간대를 노리고 골프장으로 향한다. 평소 아침에도 북적대던 골프연습장이 텅 빈다. 이 시간대 수도권 인근에는 상대적으로 저렴한 골프장이 많다. 이들 골프장이 바로 여자 아마추어 골퍼들의 타깃이다. 여자 고객이 남자보다 훨씬 많은 골프장도 흔하다. 월요일이 아니어도 이제 평일 골프장은 여성 골퍼들의 차지다. 평일 골프장을 먹여 살린다는 이야기까지 나온다.

남양주에 소재한 골프장 대표는 월요일엔 여성 고객이 70% 정도를 차지하고 평일에도 60%에 이른다고 한다. 골프장으로선 여성과 시니어 고객이 더할 나위 없이 고마울 뿐이라고 했다. 그는 이제 평일엔 여성들이 주 고객층으로 자리잡았다고 전한다. 주로 50~60대이지만 40대도 눈에 많이 띈다. 자녀를 학교에 보내고 골프를 한 후 방과 전에 집에 간다. 이래서 서울 강남에서 차로 30분 정도의 이 골프장은 강남 학부모들의 놀이터로 통한다.

한국레저산업연구소에 따르면 2020년 기준 국내 골프 인구는 총 515만 명으로 3년 전에 비해 33%가 늘었다. 특히 실외골프장에선 30대 여성의 비율이 전년 대비 40%, 60대 여성은 58% 각각 증가했다. 2017년 기준으로 한국의 여자 골프비율은 일본 16.2% 보다 훨씬 많고 24.4%의 미국과 비슷했다. 박세리가 미국에 진출하던 1988년 만해도 여자들에겐 관심 밖이던 골프가 불과 20년 만에 주고객으로 탈바꿈한 것이다.

일주일에 1~2번 골프장을 찾는다는 이인실 씨는 아이들을 다 키워놓고 남편이나 친구와 골프 하는 재미에 푹 빠졌다고 말한다. 예전엔 골프에 빠진 남편을 이해하기 힘들었는데 거꾸로 된 것 같다고도 전했다. 큰 애를 결혼시긴 그녀는 한때 갱년기 우울

월요일 골프장에서 한 여성이 드라이버로 티샷을 하고 있다

증마저 있었지만 남편 손에 이끌려 골프를 하면서 활기를 되찾았다고 한다. 여성들과 동반 라운드를 할 때는 실력도 중요하지만 서로 소통하고 이해하는 노력도 필요하다.

교습가들은 초보 여성들과 라운드할 때는 무조건 가르치려고만 하지 말고 감정을 공유하면서 리드해가는 지혜가 필요하다고 말한다. 여성들은 자기감정을 쉽게 드러내지 않기 때문이다. 필드에서는 기술의 언어보단 소통의 언어에 방점을 둔다. 기술의 언어는 정확한 팩트와 자기 감정을 전하는 대신, 소통의 언어는 내면의 감정을 읽고 공유하는 방식이다. 여성 골퍼들은 멤버끼리 나누는 돈 계산도 정확하고 필요 이상의 지출은 자제한다. 남성들과 달리 과도한 내기는 피하고 분위기도 비교적 편하고 친근하다.

여자 아마추어 골퍼들의 실력은 어느 정도일까. 인천 스카이72골프장이 예전에 내장객 2만 명을 대상으로 설문조사 한 결과, 남자는 평균 89타, 여자는 93타였다. 첫 홀은 일파만파라고 하면서 모두 파를 적고 멀리건 등을 감안해 5타 정도 더하면 남자는 94타, 여자는 98타. 드라이버 티샷 비거리는 남자 197m, 여자는 163m였다. 참고로 프로선수가 컷오프를 통과하려면 평균 72 다를 쳐야 하고 드라이버 평균 비거리는 남사 260m, 여사 224m

였다. 한국대중골프장협회 김태영 부회장은 아마추어 남자 골퍼는 여자 프로선수와 비슷한 거리를 내면 장타자로 볼 수 있다고 설명한다.

김 부회장에 따르면 요즘엔 부부는 물론 70을 넘긴 노년 골퍼도 갈수록 늘어난다. 여성 골퍼의 대거 유입으로 바야흐로 골프장이 마초적이고 권력지향적 옷을 벗고 있다. 서양에서는 여성 골프의 역사가 깊다. 공식 기록으로 최초의 여성 골퍼는 메리 스튜어트다. 제임스 5세의 딸로 스코틀랜드 여왕이자 프랑스 왕비였던 그녀는 남편의 장례식날 라운드를 해 원성을 사기도 했다.

올림픽에서는 1900년 제2회 파리올림픽에서 여자 선수들이 이벤트 형태로 단 한 번 출전했다. 이후 116년 만이었던 2016년 브라질 리우올림픽에서 박인비가 금메달을 목에 걸었다. 미국에서 명문골프장은 오랫동안 여성 입회를 허용 않는 금녀禁女의 구역이었다. 마스터스가 열리는 오거스타 골프장은 여성 단체의 반발로 개장 80년 만인 2012년에야 여성회원 입회를 허용했다.

콘돌리자 라이스 전 미국무장관과 여성 사업가 달라 무어 등 2명을 회원으로 받아들인 것이다. 현재 여성회원은 6명이며 2019년 4월 처음으로 여자 아마추어 골프대회가 열려 금녀의 벽이 사실상 허물어졌다. 가장 민주적이고 자유로운 나라 미국이 골프에선 가장 보수적인 면모를 보였다. 거꾸로 가장 보수적이었던 한국에서 여성들이 이 나라 프로 골프계를 장악한 것도 역설적이다.

골프 클럽 교체의
심리학

영국의 골프스타 저스틴 로즈는 몇 년 전 골프 클럽을 대대적으로 교체했다. 3번 우드와 볼, 60도 웨지를 제외한 모든 것을 바꿨다.

그는 장비를 교체하고도 당시 두 번째 출전한 파머스인슈어런스에서 우승하는 기염을 토했다. 프로선수가 장비를 전면 교체하고 한 달여 만에 우승한 사례는 거의 없다. 보통 시즌이 끝날 즈음 교체하는데 클럽에 완전히 적응한 후 다음 시즌을 준비하기 때문이다.

아마추어는 언제 골프클럽을 바꾸고 싶어할까. 분기에 한 번씩 동반 골프를 하는 선배는 동반자 체격이 자기보다 왜소한데도 10~20m 더 멀리 뻥뻥 장타를 날릴 때 장비를 교체하고 싶다고 말했다. 혹시 저 친구가 좋은 드라이버 덕분에 장타를 내는가 하는 생각이 들어서란다.

그는 구력 13년에 80대 초반의 타수를 기록하는 골프 마니아다. 골프에 대한 애착 못지 않게 장비사랑도 유별나다. 신형 장비에 대한 정보는 물론이고 클럽 각 부위의 용어와 기능도 꿰차고 있다. 필드에 나가지 않는 날은 골프대회 갤러리로 참가하거나 골프숍을 찾는다.

클럽 교체심리와 관련해 미국의 대표적인 골프연구소인 골프데이터테크 통계가 언론에 소개된 적 있다. 이에 따르면 드라이버를 2~3년마다 교체한다는 비율이 절반에 육박했고 4~5년이이에 약간 못 미쳤다.

골프 업계에서는 1만 스트로크를 하면 헤드에 실금이 가기 때문에 드라이버를 교체하는 게 좋다는 이야기도 있다. 연습을 포함해 일주일에 평균 50번 공을 때리면 4년 정도 사용한다는 수치가 나온다.

김영국 전 아쿠쉬네트코리아 대표는 클럽으론 드라이버가 가장 많이 팔리는데 장타에 대한 골퍼들의 로망이 반영된다고 설명했다. 그에 따르면 아마추어는 드라이버를 가장 자주 교체한다. 특히 신제품 시즌에 수요가 몰리는데 다른 업체들도 마찬가지다. 샤프트 소재로는 고수의 경우 압도적으로 스틸, 90대 타수 이상은 그라파이트가 훨씬 많다. 골프데이트테크 통계에 따르면 미국인은 드라이버 교체에 우리 돈 35만 원(2015년 기준) 정도 지불한다.

골퍼들은 아이언 교체에 훨씬 신중하게 접근한다. 아이언 세트를 구매할 때까지 검토 시간도 보통 1달, 길게는 2~3개월 소요된다. 김 전 대표는 아이언은 정확성을 요구하고 민감하기 때문에 골퍼들이 신중을 기해 교체주기가 장비 가운데 가장 길다고 말한다. 아이언이 다른 클럽에 비해 비싼 데다 경기에서 차지하는 비중이 큰 것도 원인이라고 분석한다. 또 아이언을 교체했다고 실력이 반드시 나아진다는 보장이 없다는 점도 교체를 망설이게 한다.

우드 보유에서도 눈길을 끄는 대목이 있다. 우드 2개를 사용하는 싱글 핸디캐퍼 골퍼의 비율은 3명에 1명꼴이다. 반면 90대 타수 안팎의 골퍼는 거의 절반에 해당한다. 실력자들은 우드는 하나를 사용하고 대부분 아이언으로 처리하면서 정확도에 더 신경을 쓰는 것으로 해석된다. 이를 보완하기 위해 하나 이상의 하이브리드를 보유한 비율도 높은 편이다.

장타에 대한 욕심 때문에 드라이버를 가장 자주 교체한다.

퍼터 교체 주기는 드라이버와 비슷하다. 2~3년마다 교체하는

비율이 중급자와 고수에게서 높고 보기 플레이어 이상에선 약간

낮다.

한국체육내학교 오세근 교수는 드라이버와 퍼터의 교체빈도

가 높은 것은 바로 옆에서 상대방의 동작을 지켜보며 강한 시각적 자극을 받는 것도 요인이라고 분석한다. 장비에 지출하는 비용도 눈길을 끈다. 정기적으로 골프를 하는 미국인은 연평균 107만 원(2015년 기준)을 지출하는 것으로 알려졌다. 특히 싱글 골퍼들의 지출이 가장 높다. 드라이버나 퍼터를 바꾸더라도 기존 클럽을 다른 사람에게 바로 주지 말고 3개월 정도는 보유하라는 이야기도 참고할 만하다. 새 클럽에 적응 못하고 구관이 명관이라며 다시 옛 것을 찾는 경우가 종종 있기 때문이다.

아마추어와는 달리 프로선수에게 가장 민감한 장비는 무엇일까. 클럽이 아니고 공이다. 우즈도 드라이버를 바꾸면 드라이버 연습만 하면 되지만 공을 바꾸면 모든 클럽을 연습해야 한다고 말한다. 골프공은 경기의 필수품이자 그 자체로 목적성을 가지는 가장 중요한 요소라고 우즈는 강조한다. 저스틴 로저가 클럽은 바꿨지만 공은 바꾸지 않은 이유이기도 하다.

실력자일수록 스코어에 영향을 미치는 정도와 관련성이 클수록 더 예민하게 받아들인다는 점을 알 수 있다. 드라이버보다 아이언, 아이언보다 퍼터, 퍼터보다는 공이다. 최고수들이 웨지, 퍼터, 공 등 쇼트게임 장비를 웬만하면 안 바꾸는 이유다.

아마추어 골프계에 장비를 바꾸면 6개월간 다른 사람과의 내기를 하지 말라는 이야기가 있다. 장비를 교체하면 그만큼 적응하는 데에 시간이 걸린다는 이야기다. 그래도 장비를 탓할 일만은 아니다. 잭 니클라우스는 "나의 기술을 의심한 적은 있어도 클럽을 의심한 적은 없다"고 갈파했다. 클럽보다 나은 선수는 없다.

PART 3

진상골퍼
따로 없다

사람들은 왜
가르치려 들까

"깜짝 놀랐어요. 갓 골프에 입문한 사람과 필드에 나갔는데 라운드 도중 다른 동반자에게 레슨을 하는 게 아닙니까."

지인에게서 최근 들은 이야기다. 동반했던 초보 자신도 처음 필드에 나가 정신없이 페어웨이와 산을 오가는 와중에도 다른 사람에게 레슨하는 것을 보고 무척 황당했다고 말했다. 자기처럼 동반자도 힘들게 골프를 하니까 안타까운 마음에 전문 교습가에게 배운 대로 알려주려는 선한 의도였을 것이다. 그래도 습관이 되면 안 되겠다 싶어, 이제 레슨은 그만두고 일단 본인 플레이에만 집중하자고 달래면서 관심을 돌렸다고 한다. 골프 속성상 초보자마저 타인에 대한 레슨의 유혹을 피하기 어렵다. 2년 전부터 동네 스포츠센터에서 골프 연습을 해오고 있다. 초보부터 고수까지 다양한 사람이 모인다. 간혹 요청하지 않았는데도 접근해서 팁을 알려주는 사람이 있다. 고맙기는 한데 경우에 따라선 청하지도 않았는데 왜 이럴까 하는 생각도 든다. 가만히 보니 여기저기 다른 사람에게도 접근한다. 사람들은 왜 가르치려 들까. 어느 성인의 말대로 측은지심의 발로인가 아니면 남을 가르치는 즐거움을 만끽하는가.

사회학자 오찬호는 우리 사회는 수직적 위계화가 강해 선배나 배운 사람이 어떤 역할을 해야 한다는 강박감이 있다고 진단한다. 그래서 나이가 많거나 자기가 좀 더 안다고 생각하면 조언하고 이끌어야 한다며 자신을 압박한다. 그는 이런 압박이 강해지면 소위 꼰대로 진입할 가능성이 높다고 경고한다. 뺨 맞으며 바둑 훈수를 둔다는 말도 이런 심리의 발로다. 초보도 레슨을 하는데 일반 골퍼는 말할 것도 없다. 라운드 도중 느닷없이 스윙 등에 관해 훈수하면 그야말로 멘털 붕괴다.

최경주마저 프로암대회에서 아마추어들의 레슨 요청에 매우 신중하게 임한다고 말한다. 플레이 도중 레슨을 해야 한다면 조심스레 대하고 묻는 위주로만 간단한 팁을 준다. 민감한 골프의 특성상 중간에 본인의 리듬을 끊어놓고 싶지 않기 때문이나. 보

필드에서 레슨은 상대가 원할 때에만 응하는 게 매너다.

통 경기 후에 동반자들에게 간단한 팁을 준다. 그것도 그립과 스탠스 등 가장 기본적인 것 위주다. 필드에서 아무리 고수라도 한 번의 레슨으로 동반자의 실력을 높일 수 없다. 골프는 한 동작이 다른 동작과 연결돼 있어 특정 부분을 건드리면 전체가 영향을 받는다.

골프 교습가들은 그립이라든지 퍼팅은 비교적 골프 스윙과 독립적이어서 원 포인트 레슨이 주효할 수 있다고 밝힌다. 하지만 스윙 궤도나 몸통회전 등과 관련해선 레슨에 아주 신중해야 한다고 강조한다. 오래 굳은 스윙을 바꾸려면 전문 교습가에게 레슨을 받은 후 꾸준히 연습하면서 체화시켜야 한다. 필드에서 동반자에게 무심코 하는 레슨의 위험성에 대한 지적이다. 내기가 붙으면 스윙 동작을 지적하면서 동반자를 무너뜨리는 골퍼도 있다. 간혹 묻지 않았는데도 캐디가 고객에게 레슨을 남발하는 경우도 있다.

현정신과의원 김기현 원장은 아무리 좋은 훈수라도 정말 고치고 싶은 동작을 확인사살하듯이 고치라면 기분이 상한다고 전한다. 자신에 대한 분노가 상대방에게로 번진다는 것이다. 특히 하수로 여기는 사람이 레슨까지 하면 모멸감을 느낄 수도 있다.

일마 전 참 고마운 동반사를 만났나. 힘들세 성기를 끝낸 후

고수인 그에게 정중하게 조언을 구했다. 그는 몇 번 사양하다가 일단 자신의 사례라는 점을 강조하면서 정성껏 조언해주었다. 과연 현명한 조언의 방법은 없을까.

일찍이 아리스토텔레스가 조언을 위한 세 덕목을 제시했다. 바로 로고스Logos, 파토스Pathos, 에토스Ethos다. 로고스는 이성, 파토스는 감성, 에토스는 도덕성이다. 골프에 비유하면 로고스는 실력, 파토스는 공감, 에토스는 매너다. 실력은 기본이고 동반자의 현재 심리상태를 헤아리지 못한 채 레슨을 하면 상처를 받는다. 실력이 있으면서 동반자의 마음을 읽을지라도 평소 매너가 엉망이면 누가 받아들이겠는가. 진정한 고수는 훈계조나 강요가 아닌 평소에 실력과 매너로 은연 중에 경험과 지혜를 전달하는 메신저 역할을 하는 사람이 아닐까. 골프만 그러한가.

"배우는 것은 적에게서 배우는 것마저도 항상 안전하지만, 가르치는 것은 친구를 가르치는 것마저도 안전한 경우가 없다." 콜턴의 말이다.

김교수의 **다운힐 샷**

다운힐(Down hill) 샷은 왼발이 오른발보다 낮은 경사면에서의 스윙으로 생각보다 어렵다. 스탠스를 어떻게 취해야 할지, 양발과 공의 위치도 고려해야 한다. 자칫하면 뒤땅이나 토핑하기 일쑤다.

❶ 왼발이 낮은 경사면에 공이 놓여 있으면 왼쪽 어깨를 낮게 해서 내리막 지형과 어깨의 기울기가 평행하게 어드레스 셋업을 한다. 공이 양발 중간이나 약간 오른쪽에 위치하도록 자세를 잡는다.

❷ 다운힐 라이의 특성상 클럽로프트 각도가 세워져 평소보다 비거리가 늘어나므로 4분의 3 스윙을 해야 거리를 맞추기 쉽다.

❸ 볼을 의도적으로 높게 띄우려고 하거나 오른쪽 어깨가 다운스윙 때 처지지 않도록 임팩트돼야 한다.

❹ 왼발이 낮으므로 볼 위치의 오른쪽 경사도에 뒷땅이 나지 않도록 볼을 정면으로 쳐야 한다.

드라이버 티샷을 잘 하고 도 우리나라는 산악지대 골프장 특성장 내리막 중 턱에 볼이 머무는 경우가 흔하다. 내리막에선 다운 스윙시 확실한 몸의 회전 으로 피니시까지 완성해 야 한다.

다운힐 샷 비결은 확실한 몸 회전.

명언으로 본
골프란 무엇인가

골프는 설렘으로 시작한다. 구력 19년인데 아직도 잠을 설치고 들뜬 마음으로 골프장으로 향한다. 설레면서도 그것을 방해하는 불안감이 공존한다. 장타長打에 대한 유혹이 나를 시험에들게 한다. "강타強打를 하려면 경타輕打를 해야 한다"는 한국 골프의 전설 한장상 씨의 말을 떠올린다.

쉽지 않다. 공이 겨우 페어웨이를 벗어나지 않은 데 만족하고 필드로 나간다. "장타 유혹에서 벗어나면 명인이 된다(보비 로크)"는데 아직 그 정도 내공은 갖추지 못했다. 파5홀에서 티샷한 공이 내리막 경사 움푹한 곳에 놓였다. 볼을 옆으로 옮기고 싶은 강한 충동을 느낀다. 순간 "골프는 이 세상에서 플레이하기 가장 어렵고 가장 속이기 쉬운 게임(데이브 힐)"이란 말이 뇌리에 박힌다. "스코어 때문에 인격을 부정당하는 게 골프"라는 속담도 명심하며 자세를 바로 잡는다. 왼발 내리막 경사가 어렵다고 하는데 나에게도 가장 난제다. 배운 대로 목표물보다 약간 오른쪽을 향해 양 어깨를 지면과 평행하게 스탠스를 취하고 공을 날린다. "골프란 50% 멘털, 40% 셋업, 나머지 10%가 스윙(잭 니클라우스)"이란 말도 있지 않은가. 생각대로 안 된다. 겨우 140m 정도를 보내고 핀까지 남은 거리는 약 180m. 다행히 공이 페어웨이에 잘 안착해 5번 우드를 들었다. 20m를 남기고 온 그린에 실패했다. 나에게는 핀까지 60m 이하 거리가 가장 어렵다. 나만 그런가. 샌드웨지를 사용해 핀을 한참 지나 그린에 공을 올렸다.

정말 어렵다. "골프는 구력이 오랠수록 어렵다는 것을 깨닫게 해준다(보비 로크)"는 말 그대로다. 멀지만 파에 대한 일말의 기대를 안고 퍼트를 한다. 퍼트 자세가 좋은지 나쁜지는 나도 모른다. 하지만 "퍼트는 방법method도 품위style도 필요없다"는 스코틀랜드 격언도 있다. 아쉽게도 핀에 70㎝ 정도 못 미쳤다. 동반자들에게서 영어 단어(일명 OK)가 튀어나오지 않는다. 호흡을 가다듬고 긴장된 마음으로 퍼트를 한다. 홀을 한 바퀴 돌고 들어간다. 보기!

첫 홀을 끝냈을 뿐인데도 힘이 빠진다. 하지만 기분이 나쁘지는 않다. "골프 코스는 모든 홀이 파는 어렵고 보기는 쉬운 것이어야 한다(로버트·T 존스)"는 말도 있다.

두 번째 홀 티샷한 공이 언덕 쪽 나무 사이로 살짝 들어갔다. 경사진 데다 앞이 약간 가려졌지만 그린은 보였다. 그린을 향해 바로 날리느냐, 한 타를 먹고 페어웨이로 빼내느냐의 갈등이다. 결국 그린을 향해 날렸지만 뒤땅(팻샷)을 하며 언덕에서 빼내지 못했다. "고수는 한 타를 버림으로써 위기를 극복하지만, 하수는 한 타를 아끼려다 위기를 자초한다"는 하비 페닉의 명언 그대로다. 다행히 세 번째 샷을 잘해 핀에서 1.5m 정도에 공을 붙였다. 또다시 파를 향한 퍼트다. 공이 홀을 약간 지나쳐 컨시드를 받았다. 파를 잡은 고수 동반자에게 퍼트 비결을 물었다.

웃으며 그가 답했다. "골프는 가르치기도 어렵고 배우기도 어렵다(보비 존스)"는 말이 있단다. 드디어 세 번째 파3홀에서 파를 잡았다. 보기와 파를 거듭하다 7번째 홀. 티잉 그라운드에서 페어웨이를 향한 시야각이 좁아 티샷하기 매우 힘들었다. 앞에 연못도 있어 과연 공을 넘겨 보낼 수 있을지 모든 게 악조건이었다. 걱정한 대로 공은 170m 연못을 못 넘기고 물에 빠지고 말았다.

"내 자신에 대한 자신감을 잃으면 온 세상이 나의 적이 된다"는 랄프 왈도 에머슨의 말이 허언은 아니었다. 그래도 세 번째 샷으로 공을 그린에 올려 보기로 막았다. 8번 홀은 이날 가장 기쁜 홀이었다. 나쁘지 않은 티샷에 그린까지 170m를 남기고 5번 우드로 공을 핀에 붙여 버디를 잡았다. 우드의 그 짜릿한 맛, 뇌에서 강렬한 도파민이 분비되는 느낌이었다. 기쁨도 잠시. 9번 홀에서 타샷한 공이 OB를 내면서 결국 트리플을 범하고 말았다. 소위 버디 값을 했다. "골프는 잘 안 되는 게 매력"도 이를 두고 하는 말인가.

함께 한 60대 동반자가 13번 홀까지 기준 타수보다 5타를 넘기고 있었다. 반면 30대 동반자는 14타를 넘겼다. "60대가 30대를 이기는 유일한 경기가 골프(버드 쇼텐)"라는 말이 실감 난다. 15번 홀에서 동반자 가운데 한 사람이 공을 가볍게 터치하는 모습이 보였다. 요즘은 별로 괘념치 않지만 예전에는 동반자의 공 터치에 스트레스를 엄청 받았다. 힐 셔튼이란 사람이 "자주 하다 보면 자기도 모르게 나쁜 버릇이 붙는 게 골프"란 말도 했다.

16번 홀은 정말 인상적이었다. 노신사가 버디를 잡고 동반자 3명이 파를 잡았다. 모두가 만족하며 하이파이브를 했다. 17번 홀에선 두 번째 샷한 공이 왼쪽 해저드 라인 살짝 바깥에 놓였다. 공을 옮기고 싶었지만 꾹 참았다. "골프는 낚시를 제외하고 가장 많은 사람을 거짓말쟁이로 만드는 게임(찰스 프라이스)"인가.

착한(?) 일을 해서 그런지 운 좋게 보기로 막았다. 마지막 홀에서 두 번째 샷으로 공을 그린에 올렸는데 쓰리 퍼트를 하고 말았다. 파를 잡을 수 있었는데 진한 여운이 남는다. 설렘으로 시작한 골프가 아쉬움으로 끝났다.

그렇다고 그 아쉬움이 매너 있는 동반자들과 편안하고 즐겁게 보낸 하루에 대한 충만감을 밀어내지는 못했다. 동반자에게 민망하거나 거꾸로 질투를 살 수준도 아닌 무난한 스코어였다. 귀갓길 운전 중에 "골프는 18홀이면 충분히 그 사람의 됨됨이를 알게 해주는 게임"이라는 스코틀랜드의 속담이 떠올랐다.

알고 보니
나도 진상 골퍼였다

"불행한 가정은 제각각의 모습으로 불행하고, 행복한 가정의 모습은 대체로 비슷하다."

톨스토이(1828~1910)의 소설《안나 카레니나》첫머리에 나오는 말이다. 골프도 마찬가지다. 꼴불견 골퍼는 실로 다양한 형태이며, 신사 골퍼의 유형은 대체로 비슷하다. 얼마전 모처럼 고교 동창들과 남춘천에 있는 오너스CC에서 라운드를 했다. 학교를 졸업하고 사회생활하면서도 오랫동안 만나 허물없는 사이다.

골프는 집중과 몰입의 경기인지라 신중하게 임하면서도 간간히 농담을 하며 즐겁게 보냈다. 굳이 수치로 나타내면 집중과 몰입 80 90%, 명랑 10 20% 정도였다. 그날 사건은 기기 도중 치

안에서 생겼다. 라운드 여운이 가시지 않아 스크린골프를 하자는 의견이 나왔다. 아침 일찍 라운드를 돌았기 때문에 오후에 충분한 시간이 있었다. 인터넷을 검색해 서울 천호동에 있는 스크린골프장을 바로 예약하고 달려갔다. 피곤한 줄도 모르고 3시간가량 실내골프를 즐겼다. 두 명은 필드에서도 싱글골퍼인데 실내에서는 거의 언더급 프로였다. 버디, 버디, 이글…. 가히 스크린의 지배자였다. 스크린골프 막바지 무렵 골프 매너에 대해 자연스럽게 이야기가 나왔다.

특히 지연 플레이를 두고 이런저런 얘기를 나눴다. 아무리 친한 사이도 평소 민감한 주제다. 어찌된 일인지 평소 지연 플레이로 눈총을 받는 친구가 이 날 자기의 샷 리듬과 템포를 좀 봐 달라고 자청했다. 친한 사이라도 그간 지연 플레이에 대해 말을 못하다가 본인이 자청하니 오히려 우리가 고마웠다. 불감청고소원(不敢請固所願, 감히 청하지 못했으나 원래부터 몹시 바라던 바이다).

이때 싱글 수준 골퍼인 한의사 친구가 흔쾌히 매너 코치를 자청하고 나섰다. 그는 세상에서 가장 친절한 어조와 표정으로 왜 지연 플레이가 되는지 단계별로 상세하게 설명해주었다. "악마는 디테일에 있다"며 유식한 용어를 써가며 티잉 구역과 그린에서의 진행에 대해 아주 세밀하게 맞춤형 조언을 했다. 티잉 구역

그린에서는 원래 본인이 마크하고 라인을 읽어야 한다.

에서 연습 스윙은 나에게도 참고가 됐다.

　우리의 매너 교사에 따르면, 학생(지연 플레이 친구)은 티를 꽂고 공 옆으로 가서 스탠스를 취한 다음 연습 스윙 후 다시 티 뒤로 돌아가 에이밍하는 습관이 있다. 에이밍 후, 또 빈 스윙을 하고 스탠스를 취해 티샷하는 것이다. 한의사 친구는 과감하게 한 단계를 줄이라고 조언했다. 티를 꽂고 에이밍 전이나 후, 티 뒤에서 가볍게 빈 스윙한 다음 스탠스를 취해 바로 티샷하라는 것. 아니면 티를 꽂고 에이밍 후 티 옆으로 와서 스탠스를 취해 빈 스윙을 한 다음 바로 티샷하라고 조언했다. 한마디로 왔다 갔다 할 필요가 없다고 설명했다.

그는 마치 의사가 수술하듯 친구의 프리샷 루틴을 해부하고 교정해나갔다. 연습 스윙도 매우 신중히 할 필요가 없다고도 덧붙였다. 프로선수들도 그냥 가볍게 스윙하면서 어깨를 푸는 정도지 정식 티샷처럼 진지하게 연습 스윙을 하지 않는다는 것이다. 곰곰이 생각하니 프로선수들치고 연습 스윙을 주말 골퍼처럼 목숨 걸고(?) 하는 사례가 없었다. 실제로 TV를 보니 프로선수들은 하나같이 티를 꽂기 전이나 후에 에이밍을 하고 한두 번 좌우로 가볍게 클럽을 휘두르고 스탠스로 들어가 지체없이 공을 날렸다.

그린에서의 진행에 관해서도 얘기가 나왔다. 룰이 바뀌어 핀에서 공까지 거리에 상관없이 준비된 사람부터 퍼팅을 하면 된다. 그래도 전체 흐름을 감안해 먼 거리에 공이 놓여 있다면 먼저 퍼팅할 준비를 하는 게 배려다. 이를 위해선 그린에 올라오면 본인이 마크하고 미리 경사와 거리를 살펴 라인을 봐놓는 게 좋다. 먼 산을 보거나 상대방 퍼팅에 한눈팔다가 자기 순서가 돌아오면 그제서야 그린을 오가거나 일어섰다 앉았다를 반복하면 곤란하다. 동반자들의 리듬도 깨지고 진행도 느려진다.

이날 우리는 모처럼 필드와 실내에서 즐겁게 골프도 하고 서로 골프 매너도 봐주면서 다음을 기약하며 헤어졌다. 자신의 골프 매너를 지적해달라는 친구와 친절하게 조언해준 두 친구의 아름다운 장면이었다. 매너에 대한 조언을 세상에서 가장 매너 있게 하는 장면이었다.

미컬슨이 한국에서
태어났더라면

　나는 필 미컬슨을 보면 세 번 놀란다. 52살의 나이에도 그렇게 골프를 잘 치는 데에 입을 다물지 못한다. 지천명知天命을 넘기고 정말로 하늘의 명을 깨달은 것일까. 근육이 정점을 지났을 텐데 300m 안팎으로 뿜어져 나오는 장타의 원천은 뭘까. 그의 파워히터에 또 한 번 놀란다. 환상적인 샷을 구사하는 그의 왼손 스킬은 오른손잡이인 나에겐 경이로움 그 자체다. 그를 보면 왼손잡이에 대한 나의 편견이 산산이 부서진다. 당대의 골프황제 타이거 우즈와 대적한 선수로 미컬슨 말고 누가 있는가.

　2020년 미국 미주리주 오자크스내셔널(파71)에서 열린 PGA 챔피언스 투어 마지막 날 5번홀. 전장 320m 홀에서 미컬슨은 드라이버를 힘껏 휘둘러 그대로 공을 그린에 올렸다. 10m 퍼팅으로 이글을 잡은 그는 50세 이상 시니어 무대인 이 대회에 첫 출전해 우승과 함께 우리 돈 5억 원을 손에 쥐었다. 3라운드 22언더파로 챔피언스투어 최저 타이(역대 5명)를 기록한 가공할 실력이다. 이날 미컬슨은 드라이버 평균 비거리 310m, 페어웨이 안착률 87%, 홀당 퍼트 수 1.7개로 필드를 지배했다. 미컬슨과 동갑내기로 함께 챔피언스 투어에 합류한 최경주는 공동 7위를 기록했다. 그해 8월 초에 PGA 투어 월드골프챔피언십에서 준우승한 미컬슨은 현역과 시니어 무대를 번갈아가며 활동에 들어갔다. 그는 이 대회에서 저스틴 토머스, 브룩스 켑카 등 쟁쟁한 현역들과 한 치도 물러서지 않고 경쟁했다.

미컬슨이 미국에서 태어났기에 망정이지 한국인이었다면 골프 영웅으로 성공했을까. 왼손잡이 골퍼에게 국내 골프환경은 너무 열악하다. "실내연습장에서 혼자 면벽 연습하는 외로움, 인도어 맨 마지막 타석에서 불안하게 그물망을 향해 드라이버를 휘두르는 게 불편하죠. 무엇보다 클럽을 구하기 어려워요."

왼손잡이인데도 7년간 오른손으로 골프를 하다가 다시 왼손으로 전환해 13년을 이어온 어느 아마추어 골퍼의 인터넷 후기나. 박세리가 US여자오픈에서 우승한 1998년, 그는 왼손 골프채를 구하기 어려운 데다 고가여서 지인이 준 오른손 클럽을 받아 입문했다. 어린 시절 탁구선수로 활동하고 각종 구기운동에도 두각을 드러낸 그는 골프 입문 2년 만에 90대, 3년 만에 80대 타수로 진입했다. 하지만 늘 왼손으로 더 잘할 수 있겠다는 미련을 품고 있었고 간혹 스코어가 저조하면 후회와 회한이 밀려왔다고 한다. 그가 왼손으로 다시 바꾼 결정적인 계기는 고수인 정형외과 의사와 동반 라운드를 하면서. 오른손으로 샷을 하다 왼손으로 퍼팅하는 모습을 지켜보던 의사가 왼손잡이라면 아예 왼손 골퍼로 돌아갈 것을 조언했다.

왼손잡이 골격과 근육은 오른손잡이와 완전히 다르게 발달해 오른손으로 골프하는 것은 무리라는 것이었다. 정형외과적으로 오른손으로 잘 칠 수 없는 데다 부상 위험까지 있다는 경고마저 더해졌다.

그는 왼손으로 바꾼 이유를 쉬운 예로 설명했다. 왼손잡이가 10m 앞에 놓인 깡통을 서너 번 만에 공으로 맞히는데 오른손으론 좀체 왼손만큼 맞히기 힘들다는 것이다. 아내에게 간신히 보조받고 비자금도 털어 왼손 클럽을 구입한 그는 1년 만에 80대에 진입했고 생애 처음으로 싱글 타수를 기록했다. 오른손 라이프 베스트는 81이었다고 한다. 왼손으로 바꾼 후 혼자 연습했는데도 구력 덕분인지 낯설지 않았고 오른손으로 칠 때보다 심적으로 훨씬 안정됐다. 롱 게임보다 쇼트 게임에서 확연한 차이가 있었고 이후 즐기는 골프 인생에 합류했단다.

오랜 동반자들이 잘 받아주고 자신도 군더더기 없는 진행으로 상대에게 부담을 주지 않으려고 애쓴다고 한다. "평생 골프를 할 생각이면 왼손잡이 골퍼로 돌아가라"는 의사 조언을 오른손으로 골프를 하는 왼손잡이 골퍼에게 전하고 싶다며 글을 맺었다. 잔잔한 감동이다. 나도 얼마 전 왼손잡이와 골프를 한 적이 있다. 일단 특이했다. 우린 카트를 뒤에 두고 티샷하는데 그는 우리와 마주한 채 드라이버를 휘두르는 게 아닌가.

거꾸로 카트를 마주하고 티샷할 때 그는 엉덩이를 우리 쪽으로 내밀고 스윙해 시선이 약간 어지러웠다. 우리와 그는 드로와 페이드, 훅과 슬라이스 등에서 모두 반대였다. 캐디도 슬라이스 홀을 공지하면서 "고객님은 훅을 조심하세요"라고 부연했다. 골프를 끝내고 식사 자리에서 그는 왼손잡이 골퍼의 고충을 토로했다. 일단 동반자들을 헷갈리게 할까 봐 미안한 마음이라고 했다. 골프가 멘털 게임이어서 심리적으로 영향을 미친다는 것이다.

매장에서 클럽을 구하기 힘들고 대형 골프용품업체 본사 매장에서 고가로 사야 하는 고충도 있다. 요즘엔 인터넷에서 필요

원래 왼손잡이라면 왼손 골퍼로 돌아가길 전문가들은 권한다.

한 클럽을 구매할 수 있어 도움이 된다. 무엇보다 연습장에서 가장 애로를 겪는다. 왼손잡이가 드물어 항상 타석 맨 끝에 위치해 시원한 샷을 날리지 못한다. 연습장 가운데 타석에서 호쾌하게 그물망으로 공을 날려보고 싶은 맘 간절하다. 레슨 받을 때는 교습가도 어려워한다. 오른손잡이 골퍼를 대상으로 하다가 마주보고 왼손잡이를 가르치면 교습가들도 처음엔 어리둥절해 한다. 프로야구 이승엽이 왼손잡이 골퍼다. 2003년 주위 권유로 입문할 당시 왼손으로 시작했다가 야구에 지장 있을까 봐 2008년 오른손으로 바꿨다. 2013년 야구인 골프대회에서 다시 왼손으로 돌아온 그는 오른손과 왼손을 모두 사용하는 '스위치 골퍼'로 2017년 은퇴 이후 70대 타수를 기록할 만큼 기량도 뛰어나다.

"왼손잡이가 어드레스를 취할 때 카트 도로가 눈에 많이 들어와요. 페이드 구질인데 도로를 향해 공이 자주 날아가 곤란을 겪죠." 마찬가지로 유명 야구선수 출신인 박노준 안양대학교 총장의 말이다. 한때 그의 드라이버 평균 비거리는 270m 정도로 장타자였다. 파워히터인 관계로 매년 드라이버를 교체했는데 인터넷 직구를 했다고 한다. 나의 직장 선배는 오른손으로 입문해 홀인원과 싱글 타수를 기록한 후 왼손으로 전환해 역시 홀인원과 싱글을 기록해 동료들을 놀라게 했다.

프로선수로는 버바 왓슨, 브라이언 하먼, 마이크 위어도 왼손잡이다. 하지만 국내에 왼손잡이 프로선수는 KPGA 회원 6,400여 명 가운데 한 명도 없다. 프로 지망 엘리트 선수 중에는 이승찬이 유일했고 KLPGA 회원 2,500여 명 가운데는 거의 없다. 왼손잡이도 골프에 입문하면서 대부분 오른손잡이로 바꾼다.

"오른손으로 골프를 하다가 왼손으로 바꾸는 초기에 7번 아이언으로 몇 번 연습히면 감각이 금방 돌아옵니다. 평생에 걸쳐 골프를 즐기려면 원래대로 돌아가는 게 좋을 듯합니다." 한국체육대학교 오재근 교수는 왼손 전환도 나쁘지 않은 선택이라고 말한다. 근육과 골격 측면뿐만 아니라 골프장 벙커나 해저드 등도 주로 오른손잡이를 겨냥해 설계했기 때문이다.

농구, 야구, 양궁 등 다양한 스포츠에서 왼손잡이가 두각을 드러내기도 한다. 농구에서는 왼손잡이가 유리한 것은 희소성 때문으로 풀이된다. 보통 오른손잡이의 레이업과 슈팅, 드리블을 접하다가 왼손잡이 선수와 맞닥뜨릴 때 수비 방향과 각도에서 혼란을 가져온다.

"만약 내가 오른손잡이였다면 오늘의 나는 없었을 것이다. 왼손잡이에겐 독특한 특성이 있기에 우리를 막는 건 쉽지 않다." 미국프로농구NBA 휴스턴 로키츠의 에이스로 득점왕에 올랐던 제임스 하든이 당시에 밝힌 왼손잡이의 장점이다.

야구에서도 왼손 타수와 좌완의 장점을 무시하지 못한다. 왼손 타자는 공을 치자마자 바로 몸을 돌려 자동으로 1루로 향해 달려가면 된다. 반면 대부분 오른손 투수만 접한 타자들은 왼손 투수를 만나면, 순간 불안해지고 여기에다 공까지 빠르면 매우 신경이 쓰인다.

예전에 일대일로 맞붙는 경기에서 왼손잡이가 유리하다는 외국 대학의 연구 결과가 보도된 적 있다. 이 연구에 따르면 남자 왼손잡이 권투선수의 승률이 모두 50% 정도였다. 종합격투기 승률도 50%를 약간 넘었다. 펜싱 선수 중에는 유달리 왼손잡이가 많은 것으로 전해진다. 세계대회 4강에 오른 선수 중 절반 정도가 왼손잡이라는 연구 조사도 있었다.

우리의 전통 경기인 씨름도 샅바라는 도구 때문에 왼손잡이가 우위에 설 때도 있다. 샅바를 허리와 오른 다리에 둘러 묶기 때문에 상대 선수는 왼손으로 다리 샅바를 잡을 수밖에 없다. 이 경우 왼손잡이가 상대를 제압하기 훨씬 쉬운 것으로 분석된다.

왼손잡이는 양궁에서도 실력을 발휘한다. 양궁의 경우 일반인들로선 골프처럼 장비를 구하기 힘든데 몇 년 전 양궁선수권대회에서 왼손잡이 선수가 3관왕을 차지하기도 했다. 왼손잡이가 왜 생기는지는 아직 학계의 정설이 없다. 유전적인 성향이 있을 것으로 추정할 뿐이다. 세계적으로 10% 정도이며 한국은 5%선으로 알려져 있다.

김교수의 업힐 샷

오른발쪽 경사면(Up hill)이 아래로 향하는 곳에 공이 놓인 경우다. 이땐 왼발 다운힐 샷과 거꾸로 스탠스를 취하면 된다.

1. 오른쪽 어깨를 평상시보다 조금 더 낮춰 양 어깨가 오르막 지형 과 평행토록 어드레스 셋업을 한다.
2. 볼 위치는 중앙이지만 심한 경사일수록 스탠스의 왼쪽에 놓고 쳐 야 어깨가 경사면과 평행하게 맞추어져 편한 샷으로 연결된다.
3. 오르막 경사에선 체중을 이용한 풀스윙이 힘들기에 거리 손실을 보충하기 위해 한 클럽 길게 잡으면 쉽게 온그린 시킬 수 있다.
4. 오르막 경사에선 오른발 쪽으로 체중이 치우치기 쉽지만 체중 비 율을 5대5로 유지하려고 노력해야 한다.

오르막 경사에 볼이 놓여 있으면 찍어치지 말고 지면과 평행으로 볼을 쓸어치는 게 유리하다.

오른 어깨를 좀 낮춰 셋업 한다.

누구와의 골프가
가장 행복한가요

"오비OB가 나면 타수는 잃지만 친구는 얻는다."

이 골프 속설이 사실로 나타났다. 구력 30년의 이모 씨는 고교 동창과 골프를 치는 게 가장 행복하다고 한다. 용인 소재 한 골프장 회원권을 가진 그는 세월이 지나면서 허물없고 부담 덜한 사람들과 라운드할 때가 가장 즐겁다고 한다. 친구끼리 실력을 겨루고 내기를 하면서 농담과 야유를 주고받으면 일상의 피로와 긴장이 풀린다. 영혼이 정화되는 느낌이란다.

이는 필자가 주변에 골프를 치는 사람들을 대상으로 설문조사 한 결과에서도 드러났다. 친구, 부부, 가족, 직장 동료, 동호인, 사업가 등 40명을 대상으로 했다. 평소 골프를 치면서 동반자들에게 틈틈이 물어본 것을 종합해서 분석했다. 40대부터 70대까지 고르게 대상을 잡았다. 40명 가운데 53%에 해당하는 21명이 친구와 파트너로 골프를 칠 때 가장 행복감을 느낀다고 했다. 이런 경향은 나이가 들수록 강했다. 구력도 상당한 50·60대 골퍼들은 스코어도 중요하지만 골프를 통해 우정을 확인하고 교감하면 행복감에 젖고 스트레스도 풀린다고 했다. 골프 초보일 때는 실력을 늘려 스코어를 끌어올리는 데 매달렸다. 친구보다도 오히려 실력이 비슷하거나 나은 동반자가 있다면 거리와 시간을 불문하고 달려갔다고 한다.

"초보 때는 집중하느라 동반자와 거의 말도 안 하고 그늘집도 들르지 않았어요. 룰도 엄하게 지키려고 했는데 20년 정도 지나니까 기분 좋게 받아들였던 스트레스가 이젠 부담으로 다가와요." 국내 유명 리조트업체 사장을 지낸 60대 조모 씨 말이다. 그래도 너무 널널하면 재미가 없어 요즘엔 집중 80%, 유쾌 20% 정도로 할애하며 골프를 즐긴다. 그런 측면에선 친구가 가장 편한 상대라고 한다.

"친구들이나 동호인 멤버들은 나이가 들면서 건강과 경제적인 이유로 한 명씩 빠지더라고요. 요즘엔 마음 맞는 친구 부부나 가족, 친지 등과 골프를 많이 쳐요." 30년간 의류업을 하다가 최

매너만 좋으면 백돌이와도 골프를 사이좋게 칠 수 있다.

근 사업을 접고 경기도 광주에서 노년을 보내는 70대 최 모씨는 한 달에 두 번 부부 동반으로 골프를 즐긴다. 그는 "젊었을 때는 사업 파트너나 골프장 회원들과 골프를 쳤는데 요즘은 친한 고교 동창 부부와 많이 한다"고 말했다. 동호인이나 골프장 회원들과 라운드하는 게 즐겁다는 사람은 7명(18%)이었다. 이들은 주로 40·50대로 실력 향상에 최우선 목표를 두는 열혈파다.

라운드가 끝나면 바로 연습장에도 달려가 그날 샷을 점검하고 레슨도 받는 등 골프에 관한 한 마니아급이다. 스트레스도 많이 받지만 오로지 실력을 늘리기 위해서라면 아랑곳하지 않는다.

자동차회사 중견 직장인인 40대 후반 김인철 씨가 바로 이런 케이스다. 그는 직장일 빼고는 골프가 전부라고 해도 과언이 아니다. 동반자도 가리지 않는다. 친구들과 대화하는 내용도 골프가 대부분이고 항상 골프채널을 고정하고 골프책도 수시로 산다. 봄·가을 주말에 골프대회가 열리는 날이면 오전엔 골프를 치고 오후엔 갤러리로 참가하는 게 낙이다.

"어떤 때는 인사말 등 꼭 필요한 말 몇 마디만 빼곤 거의 말을 하지 않고 라운드 도중 먹지도 않고 제 플레이에만 집중해요. 친구나 가족과 골프를 치면 신경 쓸 부분도 많고 분위기가 산만해

져요. 그래서 차라리 모르는 사람과 골프를 치는 게 나아요."

골프장 회원들과 라운드를 더 즐기는 사람도 있다. 뉴서울골프장 회원권을 가진 60대 후반의 고향 선배는 주로 회원들과 라운드를 한다. 계산도 깔끔하고 자주 라운드를 하다 보니 서로 성향도 잘 알고 불필요한 비용도 없다고 한다. 그러나 요즘은 점점 친구들을 찾게 된다.

그는 "20년 이상 회원들하고 라운드하다 보니 각자 습관이나 결점, 그리고 사소한 일들로 간혹 분란이 생긴다"며 "알게 모르게 파가 생기고 기피하는 인물도 나타나 부담으로 작용한다"고 말했다.

컨시드 여부를 놓고 티격태격하거나 그늘집 과자나 음료 하나를 놓고도 얼굴을 붉히는 사례도 있다. 골프장 회원권을 가질 정도면 경제적으로 충분한 여유가 있지만 오래 정을 나눈 친구와 달리 사회생활하면서 만난 관계로 서로의 작은 습관에 대한 인내와 배려가 따라주지 못하기 때문이다.

접대골프가 좋다는 사람은 한 명도 없었다. 접대를 하는 쪽이나 받는 쪽이나 부담스럽다고 했다. 과하지만 않다면 차라리 내 돈 내고 골프를 치는 게 당당하고 오히려 집중하게 된다고 했다. 그러나 응답한 모든 사람에게 공통점 하나가 있었다. 매너가 안

좋거나 진행이 느린 사람은 친구든 가족이든 회원이든 모두 기피하고 싶다는 것. 이들은 하나같이 말한다.

"매너만 좋으면 백돌이와 라운드하는 것도 괜찮다. 하지만 비신사적이거나 진행이 느리면 제 아무리 싱글 핸디 캐퍼라도 피하고 싶다."

김교수의 사이드힐 업 샷

사이드힐 업(Sidehill up) 샷은 양발 앞부분보다 높은 공에 대한 트러블 샷이다.

① 볼이 스탠스보다 높아 평상시보다 몸을 세워주고 몸과 볼 사이를 가깝게 하는 어드레스 셋업이 필요하다.

② 그립은 라이(Lie)가 좋을 때보다 2~3cm 밑으로 잡고 강도는 평소보다 조금 견고하게 한다.

③ 프로선수들도 사이드힐 업 상황을 가장 까다롭게 생각한다. 한두 클럽 길게 잡고 4분의 3 스윙으로 정타를 하는 게 최선이다.

④ 사이드힐 업 상황에서 뒷땅이 가장 많이 나온다. 평소보다 헤드 업을 조심하고 볼을 끝까지 보면서 샷을 한다.

볼이 양발보다 높은 경사면에 놓여있다면 다운스윙 크기가 평소보다 작게 돼면서 타격 순간 클럽 페이스가 닫히는 경향이 있다. 따라서 볼이 표적보다 왼쪽으로 나가는 훅(hook)이 발생한다는 점을 유의한다. 이를 예상하고 몸 전체와 클럽헤드를 타깃보다 오른쪽으로 겨냥한다.

상체를 정면으로 하고 샷한다.

본인 사망 아니면 지켜라?

"말씀 드리기 정말 죄송한데요. 혹시 내일 골프 제가 좀 빠지면 안 될까요? 일이 좀 생겨서요."

얼마 전 고교 후배가 골프 예약일 하루 전날 기어들어가는 목소리로 전화를 했다. 코로나19 확진자와 접촉한 사람과 식사했는데 자신도 검사를 받았다는 내용이었다. 어떤 결과가 나올지 모르는 상태에서 골프를 하면 민폐를 끼치기에 빼줄 수 없느냐고 호소했다. 만약 다른 동반자를 구하지 못해 3인 플레이에 따른 추가 비용이 필요하면 기꺼이 지불하겠다고 했다. 석 달 전부터 고대하던 약속인 데다 함께 카풀을 할 예정이어서 순간 맥이 풀렸지만, 부담 갖지 말고 집에서 안정을 취하라고 다독였다. 비용 부담이 없다며 부랴부랴 지인들을 대상으로 수소문한 결과 겨우 4명을 채웠다.

코로나 사태가 급격하게 악화되면서 골프 약속 이행을 놓고 난감해하는 사례가 속출한다. 코로나 바이러스에 감염됐거나 확진자와의 직접 혹은 간접 접촉에 따른 검사 때문이다. 2021년 초 어떤 골프장이 코로나에 확진된 골퍼 때문에 운영 도중 전면 폐쇄되는 일이 발생해 충격을 안겼다. 오전 10시께 페어웨이에서 한 골퍼가 코로나에 감염됐다는 문자 메시지를 받은 것. 당사자는 바로 격리된 채로 필드에서 빠져나갔고 골프장은 그 순간 모든 운영을 중단했다. 동반자와 캐디, 그리고 당일 해당 골프장을 이용한 모든 사람이 코로나 검사를 받았다. 확진자가 소속된 팀 이후에 필드에 나온 팀들도 모두 골프를 중단했다. 클럽하우스 레스토랑을 함께 사용한 골퍼들도 모두 코로나 진료소로 향했다.

알고 보니 확진자는 그날 골프 팀을 주선한 사람이었다. 이틀 전 코로나 확진자와 접촉해 전날 코로나 검사를 하고 결과를 기다리던 상태였다. 거듭된 고민 끝에 결국 골프를 취소하지 못한 게 화근이었다. 방역수칙 위반은 본인도 상상하지 못한 결과를 초래했다. 골프장 운영 중단에 따른 매출 손실과 방역비 등 경제적 손실이 막대했다. 캐디 등 골프장 종사자, 동반자와 나른 팀노

골프장 스타트 장소에서 캐디가 골퍼들을 기다리는 모습

모두 검사를 받아야 하는 엄청난 민폐를 끼쳤다. 골프장이 피해를 어떤 식으로 해결했는지 알 수 없지만, 코로나 시국에 골퍼들에게 시사하는 바가 크다.

골프계에 "골프 약속은 본인 사망 아니면 지켜야 한다"는 말이 있다. 그러나 코로나 비상 상황에선 골퍼들을 이런 부담감에서 해방시켜야 한다. 약속 준수에 대한 강박감이 누구나 위 사례처럼 만들 수 있다. 본인 차로 동반자 모두를 카풀해 가기로 했다든지 다른 동반자끼리 초면이라면 하루 전 웬만한 약속 취소는 큰 실례다. 하지만 더 큰 화를 불러오기 전에 물러서고 동반자들도 흔쾌히 수용해야 한다.

당사자도 죄책감을 느낄 필요 없이 진솔하게 털어놓는 게 옳다. 자신이 비용을 들여 초청하는 자리라면 양해를 구하고 동반자들끼리 치게 하고 온라인으로 돈을 골프장에 지불하면 된다. 골프장도 이런 상황에 너그러울 필요가 있다. 코로나 특수를 타고 대부분 골프장은 3인 플레이의 경우 동반자당 1만 원씩 추가 부담을 시켰다. 예전엔 3인 플레이 자체를 허용했는데 코로나 특수를 타고 바뀌었다. 원래대로 돌아가는 게 바람직하다. 미국이나 일본 등 외국 사람들이 이런 사실을 알면 놀랄 일이다.

보건 당국의 코로나 검사 요청 문자 메시지 등을 골프장에 제시하면 추가 비용 없이 3인 플레이를 허용해야 한다. 잠재적 코로나 확진자가 무리하게 골프장을 찾아 확진되는 상황을 상상해 보라. 코로나에 감염된 골프장이란 소식이 알려지면 골프장 내장객이 급감한다.

"코로나 사태가 재확산되면서 예약이 불안정한 상황입니다. 골퍼와 골프장이 좀 더 너그럽게 서로의 상황을 포용해야 한다고 생각합니다."

방역당국은 "비상시국엔 무리하게 골프를 강행하지 말고 골프장도 예약 준수를 강요하면 곤란하다"고 당부한다. 골퍼들은 코로나 사태로 카풀도 꺼린다. 집이 가까워 예전엔 늘 함께 차를 타고 가곤 했는데 언젠가부터 피한다. 주로 건강에 민감한 골퍼다. 보통 한 끼는 동반자들이 모여 식사를 하는데 이마저도 꺼린다. 라커룸과 골프장 레스토랑을 이용하지 않고 아예 자신의 차 안에서 식사와 환복한다.

철저하게 격리하려는 자신의 행동을 동반자들이 어떻게 받아들일지 몰라 고민하는 골퍼도 있는데 미리 양해를 구해도 된다. 동반자들의 너그러운 포용이 필요하다. 본인 사망 아니라도 골프 약속은 깨도 된다.

김교수의 사이드힐 다운 샷

사이드힐 다운(Sidehill Down)은 볼이 양발 앞부분보다 낮은 경사면에 놓였을 때를 말한다.

① 스탠스를 넓히고 무릎을 좀더 구부려 몸의 중심을 낮추고 어드레스 셋업을 한다.

② 볼이 발보다 낮은 위치여서 평소보다 하체를 견고하게 고정하고 샷을 한다.

③ 엉덩이를 좀더 뒤로 뺀 상태로 스탠스를 취하는 게 정상이다. 평지처럼 풀스윙이 어려우며 4분의 3 스윙으로 한두 클럽 길게 잡는다.

④ 스탠스가 불안정해 팔로만 스윙을 하려면 힘과 정확도 모두 잃고 몸의 중심도 흐트러진다. 그렇다고 하체를 이용한 중심이동도 힘들어 척추 자체의 회전력으로 스윙한다.

다운스윙이 평소보다 수직에 가깝게 내려오므로 타격 순간 클럽 페이스가 열리는 경향이 있다. 따라서 볼이 표적보다 오른쪽으로 휘는 슬라이스가 나온다.

이를 예상하고 몸 전체와 클럽 헤드를 타깃보다 왼쪽으로 겨냥해야 올바른 정렬이 된다.

몸을 목표보다 왼쪽으로 약간 튼다.

왜 골프 멤버가 깨질까

"매너 문제로 골프 멤버가 깨지기도 하지만 불합리한 비용 처리 때문인 경우가 더 많아요."

경기도 여주에 소재한 어느 골프장 대표의 말이다. 그에 따르면 골프 전후 식사비, 그늘집 비용, 초청인 그린피 계산 문제 등으로 동반자끼리 종종 갈등을 빚는다. 결국 팀을 해체하거나 불만 있는 멤버가 빠져나가는 경우가 발생한다. 특정 멤버를 빼고 몰래 따로 팀을 만들기도 한다. 헤쳐모여 식이다.

최근 남춘천 근교의 한 골프장을 찾았다. 사회생활하며 만난 사이인데 서울 잠실선착장에서 모여 아침 일찍 한 차로 이동했다. 골프장 근처 식당에서 간단하게 아침 식사를 했다. 멤버 중

한 명이 오늘 경기 룰을 정하고 돈을 걸었다. 원래 5만 원씩 거두는데 나는 운전을 했다며 2만 원만 내게 하고 동반자들에겐 6만 원씩 거뒀다. 기름값과 톨 게이트 비용을 감안한 조치였다. 여기에서 아침식사비 2만 8,000원을 지불했다. 겨울 골프장 그린피는 평일 아침 시간대라 10만 원으로 저렴한 편이었다. 카트비 포함해 1인당 12만 원이 그날의 골프장 기본 비용이다.

골프를 시작하기 전에 그늘집 등에서 개인적으로 구입하는 식음료비는 각자 계산해야 한다고 공지했다. 그날 경기는 마지막 홀까지 가장 많은 돈을 딴 사람에게 몰아주는 일명 '조폭 스킨스 게임'이었다.

아침 식사비를 지불하고 남은 돈 17만 원(엄밀하게는 17만 2,000원)을 가지고 골프를 시작했다. 전반 라운드 후 간단하게 막걸리를 한잔하고 후반을 마무리했다. 그날 승리한 동반자가 캐디피 13만 원에 1만 원을 더 얹어 14만 원을 캐디에게 지불했다. 각자 카트비 2만 원을 포함해 12만 3,000원을 프런트에 지불했다. 골프장 인근 맛집에서 막국수에 전까지 시켰는데 그날 우승자가 점심값 4만 2,000원을 지불했다. 아침에 걷은 돈으로 조식, 캐디피, 점심 등 모든 경비를 정확하게 해결했다. 다시 서울 집결지로 돌아와 각자 차를 타고 헤어졌다. 이날 비용 처리 방식이 너무 깔끔해 깊은 인상을 남겼다. 요즘 나는 골프장에 가면 이런 방식을 주로 적용하는데 반응이 좋다.

회계법인 대표인 친구는 "특별한 상황을 빼고는 공평하게 경비를 나눠내는 게 현명하다"며 "이렇게 정확하게 룰을 정해 놓아야 편안하게 라운드를 즐길 수 있다"고 말했다. 식음료비 등 부대경비 처리도 신경 쓸 대목이라고 그는 조언한다. 가령 식사를 각자 해결하기로 했는데 불가피하게 클럽하우스에서 해야 한다면 본인이 따로 부담하는 게 옳다. 그늘집에 들를 때마다 습관적으로 음료나 과자를 집어드는 사람도 있는데 이 또한 개인이 별도로 계산해야 한다. 이 때문에 동반자의 눈총을 받거나 심지어 싸우는 경우도 생긴다. 돈을 잃은 동반자를 배려하면 훈훈하다. 무리하지 않는 선에서 가벼운 게임을 하고 패자에게는 심리적 부담이 덜할 정도로 돌려주는 게 현명하다. 그래야 동반자로 오래 남는다. 골프를 하다가 버디를 잡으면 기념으로 캐디에게 1만 원씩 팁을 주곤 한다. 이 경우에도 동반자 전체를 합해서 한 번 정도 주면 된다.

버디를 잡을 때마다 돌아가며 팁을 주거나 한 사람이 두 번, 세 번 주는 것은 지양해야 한다. 캐디에게 줄 돈으로 경기 후 차라리 패자에게 돌려주면 더 따뜻하지 않을까. "가벼운 내기라도 마음이 약간 상해 있는데 캐디에게 버디 팁으로 3~4만 원이 간다면 이 또한 좋은 처사는 아니죠." 과도한 팁도 건전한 골프문화는 아니라고 강조한다. 이웃에게 기분을 내기보다는 상처받은 내 가족부터 돌보는 게 순서다.

세컨드 샷을 위해 골퍼들이 클럽을 들고 코스로 가는 장면

꼭 기분을 내고 싶으면 판돈에서 주지 말고 따로 개인 돈을 꺼내주면 된다. 한국 골퍼들이 동남아에 가서 캐디에게 과도한 팁을 줘 분위기를 흐려놨다는 지적도 있다. 회원권 보유자가 동반자를 초청할 때는 전체 그린피를 합해 n분의 1로 나누는 게 배려다. 혼자만 회원 대우 가격을 적용받으면 곤란하다. 그린피 관계를 사전에 동반자에게 공지하는 것도 방법이다.

카풀도 자칫 동반자와의 관계를 깨뜨릴 수 있다. 자기 차는 골프백이 두 개밖에 안 들어간다며 시도 때도 없이 남의 차에만 얹혀 가는 것도 얄밉다. 한두 번 정도는 그럴 수 있지만, 그 경우에도 식사비를 내는 등 나름 기여해야 하는 게 동반자에 대한 매너다. 몇백억 원대 부자라도 돈 1만 원에 서운해하고 분노하는 게 골프다. 평소 씀씀이가 큰 부자도 불공평은 참지 못하며 자칫 호구로 비치는 데엔 심한 알레르기 반응을 보인다.

"골프장에서 1만 원은 그냥 1만 원이 아니에요. 액면가치에다 기회비용이 추가되고 주관적 요소마저 감안하면 체감가치는 훨씬 커져요." 어느 대학 경제학과 교수에 따르면, 내기 골프는 일반경제학에 기회비용과 효용이론이 적용된다. 경쟁요소와 비교 열위에 따른 자존심 상처, 허탈감이 더해지면 골프장에서 1만 원은 20만 원 이상 가치가 있다. 골프에서 스코어만 정확하게 적을

게 아니라 정확한 돈 계산도 중요하다. 동시에 약자와 패자에 대한 배려가 동반되면 골프는 더 훈훈해진다.

어느 순간 골프에 합류하자는 제의가 급격하게 줄어들기 시작하면 왕따를 당하는 과정일 수 있다. 나만 빼고 새로 모임을 가지는 경우다. 왕따 당하지 않으려면 늘 배려하고 친절하면 된다.

김교수의 '3퍼팅은 없다'

그린에서 3퍼팅은 뼈아프다. 훌륭한 티샷과 어프로치샷으로 2온을 하더라도 그린에서 3퍼팅을 범하면 좋은 스코어는 기대난망이다.

❶ 먼 거리 퍼팅의 경우 스트로크를 조금 길게 하고 퍼터를 느리게 움직여 공을 중심부인 스윗스팟(sweet spot)에 맞혀야 일관된 거리감을 유지할 수 있다.

❷ 공과 홀컵의 중간지점을 미리 정해놓고 이 가상 중간지점을 지나가도록 롱퍼팅을 한다.

❸ 두세 번 연습 스트로크할 때의 느낌으로 실제로 퍼팅할 때는 볼이 없는 것처럼 스트로크 한다.

❹ 동반자의 퍼팅 스트로크(stroke)를 유심히 지켜본다. 볼 구르는 스피드를 파악하고 센스있게 바로 적용한다.

볼이 굴러가는 방향과 속도를 머릿속에서 미리 심상해야 한다. 실제 퍼팅 스트로크와 심상의 스트로크가 동일하게 움직이면 성공한 롱퍼팅이다.

먼 거리 퍼트 위해서는 스트로크 길게.

캐디에게 이런 말
괜찮나요

분기에 한 번꼴로 진행하는 골프 모임이 있다. 고교 선후배로 구성된 모임인데 모두 나보다 고수다. 싱글 수준의 로 핸디 캐퍼들로 스윙과 멘털에서 매번 많은 것을 배운다. 몇 년간 이어진 이 모임에 또 다른 특징이 있다는 것을 알았다. 경기 중 캐디와 경기 외적인 대화를 거의 하지 않는다는 점이다. 우선 동반자들이 캐디와 별로 말을 섞지 않는다. 대화하더라도 코스, 클럽, 날씨, 로컬 룰 등 당일 골프 진행과 관련한 내용 위주다. 캐디와 사적인 대화는 찾기 어렵고 동반자들과 주로 말을 나눈다.

캐디를 호칭해야 할 경우엔 반드시 'OOO 씨'라고 부른다. 여태껏 반말로 "어이, 캐디~"라고 부르는 것을 들어본 적이 없다. 멤버들은 오로지 본인 플레이에 몰입하고 캐디도 묵묵히 자기 역할을 다할 뿐이다. 조용한 가운데 각자의 몫에 성실하게 임하는 분위기와 이런 모습을 나는 좋아한다.

그러나 골프를 하면서 아슬아슬한 순간이 있다. 사회적으로 문제가 된 성희롱 언사는 줄었지만, 경계를 넘나드는 위험성 발언을 여전히 목격한다. "경기실에서 백을 실으며 오늘 어떤 고객을 만날까 기대 반 설렘 반의 심정이죠. 이내 지연 플레이와 막말을 하지 않는 고객이라면 다행이라며 마음을 내려놓죠." 여주 소재 아리지CC 캐디의 말이다. 그에 따르면 카트에서 인사할 때부터 고객의 인품을 어느 정도 눈치챘다고 한다.

캐디가 인사하면 "반갑습니다"라며 짤막하게라도 반겨주면서 상큼하게 하루를 연다. 그런데 카트에 타자마자 대뜸 "오늘 이 분들 잘 모셔야 돼"라고 말하면 왠지 마음이 무거워진다. 당연한 말인데 왜 맘이 무거워질까. 카트 전면에 적힌 이름으로 호칭하면 첫인상이 좋고 경험상 매너 좋은 골퍼일 확률이 높단다. 말의 품격에서 매너가 드러난다는 것. 요즘은 신체를 터치하거나 노골적인 성희롱 발언은 많이 없어졌다. 대신 종종 사적인 질문을 해와 감정이 혼란스럽다고 한다.

골프장 캐디들에 따르면 "고향은 어디인가", "나이는 몇 살인

조력자인 캐디에게 경기 외적인 질문은 삼가는 게 좋다.

가", "취미는 뭔가" 등의 발언이 대표적이다. 캐디에 따라서는 그냥 쿨하게 답하기도 하지만, 사적 영역을 노출하기 꺼리는 캐디도 있다는 점을 반드시 명심해야 한다. 사투리가 자신과 비슷해 사뭇스레 고향을 물어볼 수도 있지만 불쑥 들이대면 당황스럽다. 분위기를 훈훈하게 하려는 취지라도 상대방의 심중을 알 수 없기에 조심스러운 부분이다.

공적 부분과 사적 부분을 넘나드는 모호한 경계성 발언도 있다. 가령 "매너도 좋고 얼굴도 예뻐서 LPGA 진출하면 인기가 최고일 거야"라고 말하는 식이다. 가벼운 농담으로 분위기를 띄울 의도이겠지만 '골프 치러 와서 굳이 캐디를 붙잡고 저렇게 말할 필요가 있나'라고 생각하는 사람도 있다.

"이 골프장에 오기 전에는 어디에 있었나", "오늘 일과 후엔 뭐 하나" 등도 민감한 질문이다. 캐디 처지에선 굳이 답변하지 못할 이유도 없지만 '왜 이런 게 궁금할까'라고 생각할 수도 있다. "남자친구는 있나", "좋아하는 이상형은 어떤 유형인가"도 캐디에게는 도발적인 질문이다. 상대방의 감정을 꼭 헤아려야 한다. 옆에서 듣는 동반자마저 거북한데 무엇이 문제냐고 생각한다면 그야말로 공감능력과 성인지 감수성 부재다.

답변을 유도하거나 강요하는 발언도 있다. "내 매너 어때? 이 정도면 베스트 아냐? 최근 이런 매너 본 적 있어?"라는 식이다. 유머스럽고 재미있는 말이지만 불필요한 잡담으로 보는 시각도 있다.

"예전에는 마음을 상해 경기과에 찾아와 호소하는 캐디가 많았는데 요즘은 많이 줄었죠. 경기 진행과 관련된 주제로 대화하고 경기 외적 대화 땐 상대방 입장을 헤아리면 좋겠습니다."(파주 소재 골프장 대표)

캐디도 골퍼와의 대화에 유의할 점이 있다. 물론 대부분의 캐디는 양성교육을 받은 전문인이어서 별문제가 없다. 하지만 간혹 분위기를 어색하게 만드는 캐디가 있다. 일단 무표정에 말이 없는 캐디다. 이런 유형은 말을 붙이기가 내키지 않아 라운드 내내 맘이 무겁다.

모든 것을 단답형으로 답변하는 캐디도 괴롭다. "예", "아니요"라고만 대답하는 캐디를 만나면 필드 분위기가 어두워진다. 동반자 간 분위기에도 전염된다. 애매한 상황인데 OB나 해저드 구역에 공이 들어갔다고 단정해버리는 캐디도 있다. "가봐야 알겠는데 잠정구를 치고 나가면 어떨까요?"라고 골퍼에게 말하면 무난하다.

우수한 골프 실력을 보유한 캐디도 골퍼가 물어보기 전에는 훈수 두는 것을 지양해야 한다. 캐디가 안쓰러워 훈수를 하다가 냉랭한 분위기가 연출되는 사례도 있다. 상황에 따라선 선의가 통하지 않는다. "내가 약점으로 생각하는 부분을 그대로 지적하면 순간적인 모멸감에 분노가 상대방으로 향힐 수 있습니다. 상대방이 수용할 자세가 됐는지 파악하고 조언해야죠. 왕의 신임을 얻은 후에야 간언해야 한다는 말도 있죠. 상황 파악을 못해 얼마나 많은 목이 날아갔습니까."(김기현 현정신과의원 원장)

간혹 재치 있는 캐디의 말 한마디가 분위기를 바꿔놓기도 한다. 최근 충북 음성 진양밸리CC에서 있었던 일이다. 동반자가 티샷을 했는데 공이 멀리 OB 말뚝 근처로 향했다. 가벼운 스킨스 게임을 했는데 멀리건 여부를 놓고 옥신각신했다. 공의 생사 여부가 중요한 순간이었다.

이때 남자 캐디가 살짝 끼어들었다. "혹시 이 공을 씨 없는 수박으로 처리하면 어떨까요?" 순간 동반자들의 눈이 휘둥그레졌다. "만약 공이 살았으면 그대로 치고 OB구역에 걸쳐 있으면 무벌타로 처리하는 거죠. 단 스코어는 그대로 적고 게임에서 이기더라도 상금은 못 먹는 겁니다."

구력 20여 년 만에 처음 듣는 비유였다. 무정란으로 부르기도 한단다. 캐디의 유머에 순간 긴장이 풀리고 즐겁게 라운드를 진행했다. "경기에 임하는 진지함, 동반자와 캐디에 대한 배려, 불만족스러운 본인 플레이에 대한 접근 태도, 절제된 행동과 대화를 보면 사회생활도 참 반듯했을 거란 생각이 들죠. 절로 존경심이 우러나옵니다." 경기도 광주 소재 남촌CC 고참 캐디에게 들은 이야기다. 사회생활이 그대로 자신의 골프에 묻어난다는 의미다.

한때 서하남 캐슬렉스CC에 가면 우리 팀에 배치되기를 내심 바라던 캐디가 있었다. 부드러운 말씨에다 노련한 진행, 적절하면서도 절제된 조언이 감동 그 자체였다. 골프장 캐디 사이에서도 최고 인기였다고 한다. 평소의 생활태도가 본연의 일에 그대로 투영된 것이다. 그 후 다른 데로 갔다는데 어떤 일을 하더라도 인정받을 것이다.

캐디는 전문인이면서 조력자다. 부리는 게 아니라 골프를 하면서 내가 도움을 받는 존재다. 도움을 받아야 한다면 더욱 존중해야 하지 않을까. 존중은 말에서부터 나온다. 캐디를 위해서가 아니라 말은 인격을 담는 그릇임을 알기에 나부터 더욱 신중해야겠다.

김교수의 '만점 숏퍼팅'

숏퍼팅이 가장 긴장된다. 롱퍼팅은 공을 홀에 붙이면 된다는 식으로 상대적으로 편하게 임하지만 숏퍼팅은 반드시 성공해야 한다는 압박감이 작용해서다.

❶ 어떤 퍼팅을 할지 판단이 서면 머뭇거리지 말고 바로 실행에 옮긴다.

❷ 퍼팅하기 직전 퍼터 헤드를 지면에서 살짝 들어올려 스트로크하면 손과 어깨에 힘이 빠지는 효과가 있다.

❸ 숏퍼팅은 경쾌하게 볼을 때리는 듯한 스트로크의 성공확률이 높다.

❹ 일관된 정확성을 노린다면 팔로스루(follow through)가 길지 않게 스트로크한다.

볼이 굴러가는 것을 보지 않고 '귀로 퍼팅하라'는 원칙을 지켰다면 성공한 숏퍼팅이다.

퍼터 살짝 들어올리는 것도 방법

골프와 술은 양날의 칼

골프를 하며 재미난 일이 세 가지 있다. 골프를 끝내자마자 비가 오고, 사우나 욕조에 몸을 담근 후, 시원한 생맥주를 들이키는 것을 말한다. 잘 알려진 '골프 삼락三樂'이다. 스포츠 가운데 골프만큼 술과 궁합이 맞는 종목도 드물다. 야구, 축구, 테니스를 하며 술을 마시지는 않는다. 경기 도중 혹은 휴식시간에 술을 즐기는 스포츠로는 단연 골프다.

골프와 위스키의 본산이 같은 스코틀랜드라는 점도 우연이 아니라는 생각이다. '골프 해방구'로 불리는 미국의 피닉스오픈 때는 갤러리들이 아예 홀 근처에서 술 파티를 벌인다. 이는 아마추어에게나 통하는 말이지 프로골프 신수들은 술에 관한 한 무척 신중하다. 대회 몇 일 전부터 술을 자제한다. 신체리듬과 멘털에 문제가 생길까 봐서다. 술로 일세를 풍미하는 사람은 존 댈리다. 알코올 중독 치료까지 받은 댈리는 말그대로 필드의 풍운아.

그는 PGA투어 5승에 처음 300야드 장타 시대를 열었지만, 과음으로 골프 수명을 단축시켰다. 마스터스가 열리는 오거스타에서 판을 깔고 자기 이름의 용품을 판다는 소식도 들린다. 장타무상長打無常이다. 우즈도 전처와 이혼 후 슬럼프에 빠져 음주운전으로 체포되기도 했지만 일시적 시련에 그쳤다. 이후론 술로 구설수에 오르진 않았다. 국내서도 유명선수들은 대부분 술을 멀리한다. 간판급 스타인 최상호, 최경주, 양용은은 가벼운 와인 정도는 하지만 술을 즐기진 않는다.

"술은 긴장과 불안을 해소하지만 골프 전이나 도중에 마시면 소뇌의 조절·균형 기능을 저하시켜 집중력과 판단력을 흐리게 합니다. 특히 드라이브 샷의 방향성과 퍼트 집중력에 지장을 초래하죠." 한국체육대학교 오재근 교수의 말이다. 대회 전날 PGA 선수 절반 정도가 술을 마신다는 통계를 접하고 오 교수가 날리는 일침이다.

프로골프대회에서 '음주를 금한다'는 별도의 규정은 없다. PGA투어는 2017년부터 혈액검사를 의무화하면서 엄격한 도핑

방지 프로그램을 적용하지만 알코올을 금지약물에 올려놓지 않았다.

더스틴 존슨과 비제이 싱이 성장호르몬 복용 등으로 출전정지를 받은 적은 있다. 로버트 개리거스도 마리화나를 피워 한때 3개월 출전정지를 당했다. 아마추어는 다르다. 술을 잘 못하는 골퍼에게도 18홀을 돌고 샤워 후 시원한 맥주 한잔은 감로수나 다름없다. 오죽하면 골프 후 동반자끼리 술과 음식을 즐기며 복기하는 것을 19홀로 명명했겠는가.

'핸디캡Handicap'이란 단어도 골프를 끝낸 후 술자리에서 나왔다는 이야기가 있다. 술자리가 파할 무렵 모자를 벗어든 사람이 멤버들로 하여금 돈을 쥔 주먹을 모자에 넣게 하면서 비롯됐다는 것이다.

"핸드 인 더 캡Hand in the cap!" 하고 외치면 주머니 사정에 따라 모자에 넣는 돈이 얼마인지 모르게 하려는 배려다. "5시간 동안 긴장을 풀지 않고 몸과 마음을 집중해 경쟁하려면 많은 에너지가 소모됩니다. 무장해제하면서 서로 해방감을 만끽하는 데는 술이 최고의 촉매제죠."

현정신과의원 김기현 원장은 체질적으로 술을 못하는 사람을 빼곤 골프와 술은 좋은 짝꿍이라고 말한다. 유달리 한국에선 골프 도중 술이 빠지지 않는다. 겨울철 그늘집에서 따끈한 정종, 여름철 시원한 생맥주나 막걸리는 긴장과 스트레스를 푸는 해독제다. 아예 막걸리를 싸들고 오기도 한다. 주류업체들은 술과 골프의 이런 환상 궁합을 이용해 골프대회 타이틀 스폰서나 선수 후원에 나선다. 한때 단일 업종으로 주류업체가 골프대회에 가장 많은 이름을 걸었다. 발렌타인 챔피언십, 조니 워커 클래식, 미켈롭 챔피언십, 기린오픈, 하이트 진로배 등 많은 골프대회가 열렸다. 고진영(하이트 진로)과 안시현(골든블루)같은 스타 골퍼도 주류회사가 후원했다.

역대급 선수들은 아예 주류사업에 뛰어들었다. 골프와 술이 오버랩된다는 점에 착안해 스타들이 명성을 걸고 사업에 나섰다. 작고한 아널드 파머는 자기 농장 포도로 만든 와인에 '아널드 파머'란 브랜드를 새겼다. 호주 출신 그렉 노먼도 와이너리 사업에 투자했다. 캘리포니아 포도 농장 사이에 골프 코스를 설계할 정도로 와인 사랑이 두텁다. 어니 엘스는 남아공 와인을 전 세계에 알린 주역이다. 프랑스와 칠레산만 알던 우리에게 남아공 와인을 소개했다. 골프를 매개로 호주와 남아공 와인이 우리와 인연을 맺은 셈이다.

와인 가운데 '1865'라는 브랜드가 있는데, 18홀에 65타라는 의미라며 골퍼들 사이에 한때 인기가 좋았다. 골프 후에 마시거나 상품으로 사용된다. 하지만 이 숫자는 칠레의 와인 생산업체인 산 페드로의 설립연도를 말한다.

골프와 술은 일란성 쌍둥이라는 생각도 든다. 우선 최적의 멤버가 4명이란 점이다. 술자리에서 3명은 허전하고 5명 이상이 모이면 지방방송 관계로 대화 초점이 흐려진다. 골프 멤버도 4명이 베스트다. 적당하게 보험 역할을 해주는 사람이 있어야 리스

전반 라운드 후 가벼운 한잔 무난하지만 과음은 멘털 파괴.

크가 분산되고 승부가 흥미진진하나. 처음 배울 때가 매우 중요하다는 점에서도 일맥상통한다. 어른 앞에서 술을 배워야 한다는 말도 있듯이 잘못 배우면 주사로 평생 고생한다.

"골퍼 스타일은 좋건 나쁘건 골프를 시작한 일주일 안에 굳어진다"는 해리 바든의 말처럼 스윙 자세, 진행 속도, 매너도 평생 그대로 간다. 끝나봐야 실력(핸디)과 인격이 드러나는 점도 유사하다. 골프 18홀을 돌고 나면 대부분 감추어진 성향과 실력이 나온다. 술자리도 5시간을 함께 하면 상대방 내공과 인격을 알게 된다. "얼굴은 거울에 비치고 인격은 술에 비친다"는 명언이 있다.

접대 수단으로도 이만한 게 없다. 요즘 덜하지만 골프와 술은 '김영란법' 이전까지만 해도 최고의 접대 수단이었다. 골프와 술이 어우러질 때의 상승 효과는 가공할 만하다. 단기단에 인적 네트워크를 형성하는 데도 둘은 효과만점이다. 축구, 테니스 등으로도 인맥을 만들 수 있지만 시간이 소요된다. 술안주로 골프 만한 게 없다.

약속을 어기거나 번개 모임에 잘 응하지 않으면 다음엔 부르지 않는다는 점도 흥미롭다. 사람들이 골프와 술 약속을 웬만하면 어기지 않으려는 이유다. 하지만 술은 골프에서 양날의 칼이다. 전날 과음하면 다음날 혹독한 대가를 치른다. 술냄새 풍기면서 예정시간에 늦으면 그 자체로 민폐다. 골프가 맘대로 안되면 본인은 물론이고 지켜보는 동반자도 괴롭다. 골프는 하루 전날 침대에서 시작된다는 말도 여기서 연유한다. 고수는 가능하면 전날 저녁 약속을 피해 안정을 취한다.

그늘집에서 가볍게 한잔하는 정도는 무방하지만 원하는 샷이 안 나온다고 필드를 술판 분위기로 몰아가는 것도 자기중심적이다. 사실 골프장 술값도 만만치 않다. 무심코 막걸리 한 통을 마셨다간 2만 원 안팎의 비용을 감내해야 한다. 3통이면 평일 수도권 골프장 그린피에 해당하는 액수다.

무엇보다 술 마시고 카트 운전이나 스윙에 따른 안전사고에 유의해야 한다. 요즘 노캐디 골프장이 늘어 동반자들이 자제하도록 유도하는 자세가 필요하다. "남자가 첫잔을 들 때와 여자가 마지막 잔을 들 때는 그 뒤에 무슨 일이 벌어질지 아무도 모른다."(O. 헨리)

PART 4

골프는
과학이다

라인 읽는 자동 퍼터 나오나

30대 후배들과 충청권의 한 골프장을 찾았다. 처음 가보는 골프장인데도 동반자 중 한 명이 코스 환경을 너무나 잘 알아 깜짝 놀랐다. OB와 페널티구역, 그린을 안방처럼 파악하고 있었다. 파3홀에서는 그린의 높낮이마저 우리에게 미리 알려주는 게 아닌가. 캐디 대신 2단, 혹은 3단 그린인지도 알려주며 코스공략을 조언했다. 캐디도 놀라는 눈치였다.

와보지도 않은 골프장을 어떻게 잘 파악하는지 묻자 머뭇거리다 휴대전화에 깔린 앱을 보여줬다. 전날 18홀 모든 코스에 대한 정보를 휴대폰 모니터에서 습득했단다. 처음에는 숨기다가 계속 추궁하자 실토했다. 티잉 구역에서 그린까지 거리별로 4단계로 나눠 공략하는 기능도 있었다.

보통 골퍼들이 이용하는 거리측정기와 달리 남은 거리는 물론 바람 방향과 세기 등이 화면에 나타나 캐디 역할을 톡톡히 해내고 있었다. 앱을 무료로 다운받아 코스 시뮬레이션까지 마쳤다. 약간 시행착오는 있었지만 그는 별다른 캐디 도움 없이 라운드를 마쳤다. 앞으로 캐디 도움 없는 골프를 하겠다며 한동안 스코어가 부진하더라도 이 방식을 고수하겠다고 그는 선언했다.

골프장에 IT바람이 거세다. 필드 밖에서 흔히 볼 수 없는 거리측정기는 이미 보편화됐고 첨단 기능을 추가한 제품들이 잇따라 등장한다. 심지어 캐디마저 거리측정기를 사용한다. 자신이 눈으로 계산한 것과 골퍼의 거리측정기에서 표시된 거리가 달라 발생하는 시비를 없애기 위해서다. 특히 초보이거나 거리 감각이 약한 캐디들이 IT기기를 주로 사용한다. 손목에 차는 시계형부터 레이저를 쏴 거리를 파악하는 망원형 거리측정기까지 다양한 제품이 나온다. 요즘 필드는 첨단 군사작전을 방불케 한다. 한쪽에선 망원경으로 거리를 측정하는가 하면 다른 쪽에선 공이 있는 곳에서 휴대폰 화면을 터치해 코스를 공략한다. GPS기능이 탑재된 시계를 보고 거리와 높낮이를 계산하는 골퍼도 있다. 첨단기기 등장으로 자연히 캐디 역할이 줄어들 수밖에 없다. 일

파3 홀에서 클럽 선택 위해 거리측정기로 거리 읽는 장면.

마 전 80대 타수 동반자들과 골프를 했는데 카트 운전과 클럽만 뽑아준 게 캐디 역할의 전부였다. 동반자 모두 거리측정기로 남은 거리를 파악하고 클럽도 알아서 각자 챙겨갔기 때문이다. 바야흐로 IT기술이 노캐디 골프를 가속한다.

이런 추세에 힘입어 스타트업들은 새로운 기능을 가진 첨단 제품을 내놓고 기존 업체들은 탑재한 기능들을 업그레이드한다. 휴대폰 화면을 터치하면 내려받은 앱으로 거리부터 종합 정보를 알려주는 코스 매니지먼트 기능을 하는 제품도 나왔다. 이 앱으로 코스 시뮬레이션을 무료로 구현할 수 있다. 국내외 3만여 골프장 코스가 적용되어 있으며 필드에서 코스 공략에 직접 사용하려면 약간의 이용료를 내야 한다. 보이스캐디는 시계형 거리측정기 기능을 업그레이드한다. GPS수신 방식으로 그린 언듈레이션까지 알려준다. 이 회사는 망원형 레이저 거리측정기도 내놓는데 시계형에 비해 찍는 번거로움이 있지만 정확도는 상당히 높은 편이다.

골퍼들을 위한 스마트 신발을 내놓는 곳도 있다. 솔티드라는 회사는 신발 밑창에 압력 센서를 내장해 스윙시 발생하는 체중 이동과 하중에 관한 정보를 휴대폰 앱에 전달한다. 데이터를 분석해 골프 자세를 교정하는 코칭 역할을 한다.

나이키는 날아가는 공의 궤적을 알 수 있도록 하는 특수 골프 안경에 관한 특허를 출원했다. 센서를 내장하고 발광다이오드로 처리한 공의 궤적이 이상적 궤적과 함께 안경 화면에 나타나 스윙 교정을 노와준나.

각종 첨단 IT기기를 사용하는 것이 골프 발전과 흥미를 돋우는 데 도움이 되는지 동반자들에게 물어봤다. 싱글 수준 고수와 80대 초반의 실력을 보유한 사람들을 대상으로 했다. 우선 필드에서의 IT 사용이 골프 흥미를 오히려 감소시킨다고 말하는 부류다. 모든 것을 자연 상태 그대로 놔두고 자신의 판단만으로 해야 할 골프가 기계 힘에 의존하면 원래의 골프 정신에 위배된다는 것.

"거리목을 이용하고 감각으로 남은 거리를 계산하고 그린 라인도 혼자 힘으로 읽어내야 골프 멘털을 키우는 데 도움이 된다고 봐요." 싱글 핸디 캐퍼인 친구는 일체의 IT기기를 배제하고 오로지 자신의 힘으로 골프에 임해야 한다고 주장한다. 이래야 자연 상태에서 건강한 육체와 마음을 고양하는 데에도 좋다고 덧붙인다. 거리를 읽어내는 공간 감각, 그린에서 높낮이와 방향을 파악하는 것도 능력이라며 골프 스코어에는 이 모든 것이 녹아 있다고 강조한다.

또 다른 지인은 요즘은 가능하면 IT기기를 잘 안 쓴다고 한다. 그간 고가 거리측정기를 몇 개 샀지만, 필드에서 동반자들이 사용하는 제품별로 거리가 제각각이고 혼선만 빚어 사용을 자제한다고 했다. 거리 통일이 안돼 캐디에게 다시 물어보는 등 샷에 집중해야 할 때에 필드에서 누구 말이 옳은지 엉뚱한 논란으로 이어진다. 자연 집중력이 분산되고 리듬을 끊는 방해요소로 작용한다는 것이다. 같은 제품이라도 조금만 시간이 지나면 업그레이드한 동종 시리즈가 나와 비용부담도 크다.

그럼에도 필드에서의 IT바람은 거세다. 열혈 골퍼이면서 30대에 고수로 진입한 후배는 기본 실력을 갖춘 상태에서 IT기기를 사용하면 골프 흥미를 더욱 높일 수 있다고 주장한다. 골프에 첨단 IT기술을 접목해 새로운 골프 문화로 진화해야 한다는 이야기다. 골프가 원래 모습을 유지하려면, 지금도 나무 소재 클럽으로 흙과 모래를 쌓은 티에 공을 올려놓고 쳐야 하지 않느냐는 논리다. 골프도 세상 흐름에 따라야 한다는 의미다.

동반자 중 한 여성 골퍼도 성적 때문이 아니라도 필드에서 IT기기에 적응할 필요가 있다고 강조한다. 모든 스포츠의 용품 수준이 높아졌듯이 골프도 IT기술 발달로 더욱 다양한 모습으로 진화한다고 말한다.

50대 이상 골퍼에게는 IT기기가 약간 번거롭고 낯설게 받아들여질지 몰라도 젊은 층에겐 자연스럽다. 캐디, 동반자에게 의존하지 않고 자기 주도적 골프를 선호하기 때문이다. "30~40대 젊은 층에서 GPS 등을 활용한 IT기기를 많이 사용하는데 중장

년층으로도 확산됩니다. 하지만 수준급 골퍼의 사용률은 50% 정도인 것 같아요." 한 골프장 대표의 말이다. 그에 따르면 필드에서의 첨단기기 사용은 갈수록 가속화될 전망이다. 골프 준비물이 나날이 더 생겨나는 모습이다.

조만간 이상적인 라인을 LCD로 보여주거나 홀까지 거리, 높낮이, 힘 조절까지 알려주는 기능을 부착한 퍼터가 나올지도 모른다. 골퍼에게 최적의 힘과 방향을 알려주는 마당쇠 드라이버나 아이언도 얼마든지 가능하다. 정규 골프대회에서 거리측정기를 보기는 한동안 쉽지 않을 것 같다. PGA투어가 공식적으론 허용했지만 로컬 룰로 적용하는 경우는 일반적이지 않다.

첫 번째 위반 시 2벌타, 같은 라운드에서 두 번 위반하면 실격이다. 단 프로암 대회와 퀄리파잉스쿨(최종전 제외)에선 사용 가능하다. 공식 프로대회에선 첨단 IT기기 사용에 아직 보수적 분위기다. 정규 투어가 언제 이를 수용할지 주목된다.

김교수의 벙커 100% 탈출

아마추어에게 가장 난제다. 그린 주변 벙커에선 공을 무리하게 핀에 붙이려하지 말고 그냥 탈출하는 게 최고다.

❶ 몸의 방향은 목표보다 왼쪽으로 정렬하고 클럽 페이스만 핀을 향한 상태로 깎아칠 수 있는 어드레스 셋업을 한다.

❷ 스윙 중 머리와 무릎 높이를 유지하고 하체와 그립을 견고하게 잡아야 모래 저항을 이겨내는 샷을 할 수 있다.

❸ 샌드웨지 헤드 바닥의 볼록 튀어나온 바운스로 모래를 때리는 느낌으로 임팩트를 가한다.

❹ 벙커샷 거리는 백스윙 크기로 조절하며 다운스윙은 항상 피니시까지 확실하게 해야 한다. 치다가 말면 절대 안된다.

벙커샷 후에 1만 원권 지폐 만한 모래의 디벗 자국이 생겼다면 바운스를 이용한 올바른 벙커샷이다.

끝까지 클럽을 휘두르는 게 관건.

골프장에서
"OK" 빼곤 모두 구찌

2020년 10월 미국 미시시피주 잭슨컨트리클럽에서 열린 PGA투어 샌더슨 팜스 챔피언십 마지막 날 18번홀. 스페인 출신 세르히오 가르시아의 70㎝ 버디 퍼트 성공으로 승부가 결정났다. 퍼트 스트로크를 하는 순간 그의 눈은 감겨 있었다. 언론들은 눈을 감는 가르시아의 퍼트 기법을 화제기사로 올렸다. 경기 후 인터뷰에서 그는 실은 3년 전부터 이 방식을 적용했다고 밝혔다.

이 날도 1번홀 3m와 4번홀 2.5m 버디 퍼트를 모두 눈감고 성공시켰다. 스트로크 순간 눈을 감으면 마음이 편안해지고 손목 꺾임과 고개회전을 방지하는 효과가 있다고 설명했다. 골프계에 회자되는 "퍼트는 귀로 확인하라"는 격언이 가르시아를 통해 증

명되는 장면이었다. 보지 않고 대신 듣는 행위가 몰입과 집중에 특효약임을 못 박은 셈이다. 와인 3락樂이란 말이 있다. 와인은 눈으로 즐긴 다음 코로 자극 받고 마지막으로 혀로 음미한다.

골프는 소리의 향연이다. 소리를 즐기고 소리에 무너진다. 변화무쌍한 소리를 컨트롤하는 과정이다. 티잉 구역에 올라 셋업을 할 때 긴장감이 최고조에 달한다. 이때 동반자들의 조그만 소곤거림이 귀를 어지럽힌다.

신중하게 임하는 자신의 셋업을 보고 들릴 듯 말듯하게 전해지는 두근거림에 신경이 예민해진다. 이때 골프장갑 스티커를 "찍"하고 탈부착하면 소리까지 더해지면 버텨낼 재간이 없다. 백스윙 탑에서 다운스윙으로 연결되는 순간 까치 소리나 다른 홀에서 불쑥 함성이 들리면 미스 샷으로 이어진다. 이때 셋업을 풀수 있다면 대단한 멘털 소유자이거나 프로선수다. 훌륭한 티샷은 눈으로 보지 않고 소리만 들어도 알 수 있다. 파장이 짧고 경쾌한 타구음이 나오면 성공적인 티샷이다. 울리는 소리가 둔탁하면 정타에서 벗어났다. 거리 손실을 입거나 방향이 원활하지 못하다. 공이 클럽 페이스의 무게 중심에 정확히 맞으면 울리지 않는다.

"새 드라이버를 샀는데 치기에 훨씬 편하고 방향도 좋아. 그런데 임팩트 순간 소리가 별로야."

종종 골프를 함께하는 고교 선배가 티샷을 해놓고 푸념했다. 옆에서 보기엔 훌륭한 티샷이었는데 실제 가보니 예전보다 10m 정도 덜 나갔다. 타구음도 둔탁해 청량함과는 거리가 멀었다. 그 선배는 고민에 빠졌다. 다시 예전의 드라이버로 돌아가느냐 아니면 다시 거리를 내는 연습을 할 것인지 선택의 기로에 선 것이다. 경쾌한 타구음을 들으면 해방감을 느낀다. 소리가 귀를 즐겁게 한다.

페어웨이에서의 아이언샷도 소리에서 승부가 난다. 멋진 아이언샷은 "짝"하는 짧은 소리와 함께 완성된다. 이때 클럽이 손에 착 감긴다. 옆에서 지켜보는 동반자도 기분 좋은 감각을 향유한다. 때리는 소리가 나면 뭔가 불만족스럽다. 손도 아프다. 정타가 아니면 소리 자체가 맑지 않다.

페어웨이에선 온갖 소리와의 싸움이다. 공을 치려는 순간 동반자가 캐디에게 자기의 남은 거리를 물어보거나 클럽 번호를 거명하며 가져오라고 말한다. 물론 고의가 아니라지만 샷에 결정적인 영향을 미친다. 갑자기 다른 홀에서 "볼~"이라는 경고음이 날아들어 샷을 망치기도 한다. 이때 웬만해선 셋업을 풀지 못하고 그대로 진행한다.

캐디의 구령에 맞춰 한 골퍼가 스트레칭하는 장면

공을 치려는 순간 갑자기 동물들이 내는 소리도 난감하다. 까치가 쩍쩍거리거나 파리, 벌 등이 주위를 윙윙거리면 여간 신경 쓰이지 않는다. 골프대회에선 갤러리들의 정숙을 요구하지만, 아예 술 마시고 고함을 지르는 대회도 있다. 피닉스오픈이 열리는 미국 애리조나주 스코츠데일의 16번홀로 갤러리들에겐 골프 해방구로 통한다.

경험 많은 캐디는 공이 나무나 바위에 맞는 소리만 듣고도 페어웨이로 들어왔는지 OB구역으로 나갔는지 알 수 있다고 한다. 일단 소리가 크고 선명하게 들리면 살았을 확률이 높다. 페어웨이 방향으로 튀어나와야 선명하게 들린다. 튀어서 밖으로 멀리 나가버리면 소리도 가늘고 작다. 공이 숲 방향으로 날아가는데 소리가 들리지 않으면 살아 있을 확률이 적다는 것을 경험적으로 안다.

과학 용어로 '도플러 효과Doppler effect'다. 음원이 관측자에게 가까워지면 파장이 짧아져 크게 들리고 멀어지면 파장이 길어져 가늘게 들리는 현상이다. 개방된 공간에선 소리의 진원지를 파악하기 힘들다. 다른 홀에서 "볼"이란 소리를 들으면 어느 방향에서 공이 날아오는지 도무지 헷갈린다. 이럴 땐 무조건 머리를 숙여 쭈그리는 게 상책이다. 방향을 분간하지 못하기 때문이다.

참고로 "볼~"이 아니라 "포어fore ~"가 정확한 표현이다.

페어웨이에서 잘 보이지 않는 연못(해저드)에서 구조를 요청하는 소리도 들리지 않거나 다른 홀 상황으로 착각하기도 한다. 만약 보이지 않는 동반자라면 연못에 공을 찾으러 갔을 수도 있으니 챙겨야 한다. 전국 골프장에 해마다 연못 익사 사고가 한두 건씩 생긴다. 구조 요청을 하더라도 동반자들이 자기 플레이에 집중하기에 들리지 않는다. 연못이 페어웨이보다 훨씬 낮은 곳에 위치했거나 지그재그로 된 홀의 연못에서 일어나는 상황이라면 더욱 유의해야 한다.

연습장에서 교습가들은 눈으로 보지 않고 임팩트 순간 나는 소리만 들어도 귀신같이 정타인지 아닌지를 구별한다. 뒤에서 들리는 소리만 들어도 뭐가 잘못된 것인지 알아낸다. 소리에 스윙의 모든 과정이 숨어 있다.

그린에서야말로 소리와의 전쟁이다. 내리막 경사에서 동반자의 결정적인 한마디가 3퍼트로 연결된다. 소위 구찌(입방아)가 가장 난무한다. 플레이하면서 사람들이 가장 적은 면적에 모이는 장소가 그린이다. 승부를 가름하는 퍼트라면 잡음이나 구찌가 심할 때 셋업을 풀고 재시도하는 인내와 용기가 필요하다. 경험과 고노의 사제력이 요구된나.

퍼트 실패는 대부분 손목을 꺾거나 미리 페이스를 열고닫는 데서 비롯된다. 주범은 눈으로 공이 홀에 들어가는 것을 먼저 확인하려고 해서다. 시각이 청각보다 더 정보수용력이 월등하기 때문이다. 빛의 속도가 소리보다 훨씬 빠른 데 기인한다.

눈으로 확인하려고 고개를 돌리니 그립을 잡은 손이 따라 돌아간다. 공을 치는 순간 눈은 그대로 고정하고 귀로 성공 여부를 확인하는 게 정석이다. 가르시아는 아예 눈 감는 경지에 올랐다. 보지 않고 듣겠다는 의도다.

이때 나는 "땡그랑"은 천상의 소리다. 맑고 가벼운 성공음이 튀어나온다. 요즘은 홀컵이 플라스틱 재질로 만들어져 이 소릴 듣기 힘들다. 정작 골프장에서 가장 듣기 좋은 소리는 따로 있다. 80cm 내리막 경사에서 불안한 마음으로 퍼트를 하려는 순간 들려오는 "오케이" 한마디는 복음이다. 골프에서 OK 빼곤 모두 구찌라는 말도 있다.

김교수의 칩샷 공굴리기

칩샷으로 공을 굴려 핀에 갖다붙이는 기술이다.

❶ 로프트가 낮은 클럽으로 핸드 퍼스트 모양을 유지하며 다운블로로 임팩트한다.

❷ 볼을 맞히는 순간 클럽 헤드의 속도를 잃지 않도록 해야 볼을 원하는 거리만큼 정확히 보낼 수 있다.

❸ 볼을 일부러 띄우려는 동작으로 뒤땅 또는 토핑을 조심해야 한다.

❹ 볼이 오른쪽으로 튀는 생크(shank)가 나올 수 있으니 몸통으로 회전해야 한다.

샷을 하기 전에 어느 위치에 볼을 떨어뜨릴지 머릿속에 심상을 그려보고 실전에 그대로 옮긴다면 성공한 칩샷이다.

로프트 낮은 클럽으로 핸드 퍼스트

무심코 볼 마크
벌타 먹을라

춘천권 더플레이어스CC에서 미국인이 낀 골프 모임에 초청받은 적 있다. 흔치 않은지라 그 미국인의 플레이를 유심히 지켜봤다. 가장 눈길을 끈 부분은 그린에서의 플레이와 스코어 기록이었다.

그린에 올라와선 캐디 도움 없이 반드시 본인이 마크를 하고 라인도 직접 읽었다. 캐디가 마크를 하려고 하자 화들짝 놀라며 본인이 신속하게 마커를 놓았다. 수건을 달라면서 공도 본인이 닦으려고 했지만 동반자들의 설득으로 결국 캐디 도움을 빌기로 했다. 첫 홀부터 마지막 홀까지 철저히 그린 위에서 혼자 힘으로 해결했다. 간혹 동반자들이 컨시드를 줬지만 아랑곳하지 않고 끝까지 퍼트를 했다. 지켜보던 우리도 그를 따라 룰을 변경할 수밖에 없었다.

그린에서 마크와 관련해 규정을 헷갈려 하는 주말 골퍼들이 의외로 많다. 골프 규칙상 그린에 올라온 공은 반드시 본인이 마크하고 라인을 읽어야 한다. 국내 골프장은 진행 여건 때문에 캐디가 마크하고 공을 놔주지만 원래 룰 위반이다. 구력이 오래된 골퍼들도 그린에서 가만히 있다가 캐디가 놔준 공을 치기만 하면 되는 줄 아는데 규칙에 위배된다. 반드시 본인 힘으로 해결해야 한다. 프로경기에서 캐디가 이렇게 하면 해당 선수는 벌타는 물론이고 당연히 실격이다.

진행에 영향을 주지 않으면서도 본인이 모든 것을 해결하기 위해선 그린에 올라오면서부터 부지런히 신경을 써야 한다. 프로선수들은 그린에 발을 디딘 순간부터 전체 경사를 훑은 다음 마크하고 라인을 읽는 데에 집중한다. 공을 집어들기 전 원래 자리를 표시하기 위한 도구를 볼 마커Ball Marker라고 한다. 마커는 반드시 인공물이어야 하는데 플라스틱, 금속, 나무 등 소재는 상관없다. 궁하면 동전이나 물병 뚜껑도 상관없다.

숏 티 등도 무방한데 작은 돌멩이나 낙엽, 나뭇가지 등은 인공물이 아니어서 이들을 사용하면 1벌타나. 단 정해진 규격이 있다. 마커 높이는 1인치(2.54㎝), 너비는 2인치(5.08㎝) 이하여야 하며 화살표 등 방향표시가 된 마크는 사용 못한다. 정렬을 도와주는 도구를 사용하지 못한다는 규정 때문이다. 이를 위반하면 2벌타를 받는다.

마크는 반드시 공 바로 뒤나 옆에 해야 하는데 공을 집어 올린 다음 마크하면 1벌타를 먹는다. 동반자가 마커를 치워달라고 요청하면 주변 지형지물과 마커를 연결한 직선상에서 좌우 원하는 방향으로 옮겨주면 된다. 마커를 원래 위치로 정확하게 옮기는 기하학적 기준을 잡기 위해 나무나 조명등 같은 주변의 지형지물을 선택한다. 마커를 제자리에 놓지 않으면 2벌타를 받고 만약 고의라면 실격된다. 간혹 동전치기라는 수법으로 핀에 더 가깝게 마크하는 경우에도 2벌타를 먹는다. 거꾸로 예전에는 공 뒤로 약간 떨어진 곳에 마크해도 무방했지만 2019년 룰이 바뀌면서 금지됐다.

마커를 옮겨달라고 하지 않은 상태에서 동반자가 스트로크한 공이 마커에 맞으면 어떻게 될까. 플레이 한 공은 벌타 없이 멈춘 지점에서 그대로 진행하고 마커가 움직였다면 원래 자리에 갖다 놓으면 된다. 동반자의 거듭된 요청에도 불구하고 특별한 이유 없이 고의로 마크를 하지 않거나 마커를 옮겨주지 않으면 어떻게 될까. 이는 골프 정신에 위배되는데 공식 대회에선 경기 위원이 정황을 살펴 벌타를 주거나 실격 여부를 판단한다. 귀찮다고 마커를 제거하지 않고 퍼팅하면 1벌타를 받는다. 마커가 라인 정렬에 도움을 줄 수 있기 때문이다.

간혹 프린지와 그린에 공이 걸쳐 있는 경우가 있는데 공의 밑부분이 조금이라도 그린에 닿았다면 마크할 수 있다. 공의 일부가 그린에 닿지 않고 떠 있는 상태에서 마크하면 1벌타를 적용받는다.

공이 비스듬하게 기울어진 깃대와 그린에 걸쳐져 있을 경우에도 마찬가지다. 공의 밑부분이 그린과 수평면에서 조금이라도 홀 안에 들어가 있으면 홀인이고 그렇지 않으면 마크하고 다시 퍼팅해야 한다. 공의 밑 부문이 홀에 조금이라도 들어가지 않은 상태에서 깃대를 빼면 공이 홀로 들어가더라도 마크하고 다시 퍼팅한다.

2021년 3월 메이저대회인 플레이어스 챔피언십에서 노르웨이의 빅토로 호블란이 2타차로 컷 탈락했다. 사연이 언론에 화제가 됐다. 첫날 경기를 마치고 캐디와 골프장을 빠져나가려는 도중 노르웨이의 어머니에게서 전화를 받았다. TV중계를 보던 중 아늘이 15번 올에서 마커를 제자리에 놀려놓지 않은 것 같아 혹

정확한 볼 마커 자리에 공을 놓지 않으면 2벌타 받는다.

시 벌타를 받지 않았느냐는 내용이었다. 실수를 몰랐던 호블란

이 바로 자진신고하자 경기위원회는 비디오 판독으로 어머니 말

이 맞다는 걸 확인했다. 호블란이 실수한 줄 몰랐기에 실격은 면

했지만 2벌타를 소급적용 받았다. 이튿날 호블란은 2타차를 만

회하지 못하고 컷 탈락으로 이어졌다. 아쉬운 대목이었다. 이 사

건은 많은 골퍼에게 감동으로 다가왔다. 보통 경기 후 시청자 제

보에 따라 룰 위반으로 판정나는 경우가 많은데 어머니와 선수가 자진 신고해 기꺼이 벌타를 감수한 사례다.

언론들은 골프계 구성球聖으로 숭상받는 바비 존스(1902~1971)가 1925년 US오픈 마지막 날 자진 신고해 1벌타를 먹은 사건을 연상시켰다. 1타차 선두를 달리던 그는 러프에서 어드레스를 하던 순간 공이 움직이자 보는 사람이 없었음에도 스스로 신고했다. 결국 공동 1위로 연장전에 들어갔다가 상대방에게 우승을 넘겨줘야 했다. "당연한 것을 했을 뿐이다. 당신은 내가 은행 강도를 저지르지 않았다고 해서 나를 칭찬할 것인가." 매스컴의 칭찬에 대한 그의 반응이 압권이었다.

나와 동반 플레이를 펼쳤던 그 미국인은 종이 스코어 카드가 없다고 하자 본인이 메모지를 직접 꺼내 따로 자기 스코어를 적는 게 아닌가. 캐디가 카트에 달린 스마트 스코어 카드에 트리플 보기 이상을 더블 보기로 낮춰서 적자 정확한 스코어로 정정해 달라고 요청했다. 노터치에 멀리건, 컨시드도 없었다. 평소 80대 중반을 기록하던 필자는 그날 95타를 쳤다.

"가장 지키기 어려운 비밀은 자기 자신에 대한 평가다."(파놀)

김교수의 완벽 피치샷

공을 높이 띄워 핀에 붙이는 샷이다.

❶ 로프트가 높은 클럽으로 로프트를 믿고 바운스 바닥을 스치듯이 지나가게끔 임팩트한다.

❷ 생각보다 작은 스윙 크기로 충분하게 공을 보내지 못하는 상황이 많기에 평소보다 스윙 아크를 크게 한다.

❸ 백스윙 때 왼손목 코킹으로 생긴 압력이 피니시까지 잘 유지돼야 백스핀이 잘 걸린다.

❹ 몸통회전이 자연스럽게 나오게 하기 위해 무릎을 적극적으로 활용한다. 볼에 백스핀을 걸고 높게 쳐올려 그린 위 목표지점에 공이 정확히 멈췄다면 성공이다.

몸통회전 위해 무릎을 적극 이용한다.

스크린은 싱글,
필드는 백돌이

"골퍼에는 세 종류가 있다. 필드에서만 잘하는 사람, 스크린에서만 잘하는 사람, 필드와 스크린 모두 잘하는 사람."

골프계에 나도는 이야기다. 겨울과 여름 혹서기엔 스크린 골프장이 붐빈다. 특히 겨울철엔 스크린 골프장에서 기량을 연마하고, 필드보다 스크린을 더 선호하는 마니아도 있다. 이 세 가지 부류의 동반자와 함께 각각 골프를 해본 적이 있다. 가장 눈길 끄는 것은 스크린에서 언더파를 치는 동반자가 필드에선 100타 가까운 스코어를 기록했을 때다.

스크린 골프장에서는 기기 작동법과 스윙 자세까지 나에게 조언했는데 필드에선 10타 이상 나에게 뒤져 놀리웠다. 알고 보니 필드보다는 스크린 골프장을 더 즐기는 사람이었다. "이젠 1시간 이상 차를 타고 가기보다는 시내에 있는 깨끗한 스크린 골프장에 가고 싶다. 아예 주말엔 차가 안 밀리고 저렴한 스크린 골프장이 좋다."

젊은 스크린골프 마니아의 말이다. 그는 스크린에서도 필드에서와 똑같은 재미를 느낀다고 한다. 필드에선 90대 타수이지만 스크린에선 단연 싱글 핸디캐퍼다. 한번 필드 비용으로 10번 스크린 골프가 가능해 이런 금상첨화가 없단다.

그는 필드에서 골프를 끝내면 종종 시내 스크린 골프장에서 18홀을 더 돈다. 비가 오거나 겨울엔 스크린 애호가인 또 다른 친구와 서로 스윙 자세를 봐주며 가다듬는 스크린 골프 예찬론자다. 반면, 구력 20년의 한 친구는 스크린에서는 재미를 전혀 못 느낀다. 80대 초반의 실력을 보유한 그는 친구들에게 끌려 마지못해 스크린 골프장에 간다. 필드에서의 몰입과 정확도를 못 느낀단다.

호불호에도 불구하고 스크린 골프가 엄연한 골프 문화로 자리잡았다. 오히려 대세다. 골프대회 인기 측면에서도 여자프로골프, 스크린골프, 남자프로골프 순이라는 말이 나돈다.

"처음엔 그것도 골프냐는 핀잔을 많이 받았죠. 하지만 이젠 같은 프로선수들도 스크린 골프대회인 G투어에 대해 물어보며 출전에 관심이 큽니다."

'스크린 골프계 황제'로 통했던 한 프로선수는 지독한 연습벌레인데 오전에는 야외, 오후엔 스크린 골프장에서 연습했다고

필드에서도 공이 서슴도 올라오는 룰 아는 스크린 골퍼노 있나.

한다. 21언더파를 기록하고 G투어에서 우승한 적도 있다.

그에 따르면 드라이버 거리는 스크린이나 필드 모두 비슷하다고 밝혔다. 단 쇼트 게임에선 경사가 아무리 심해도 공이 멈춰서는 등 오락 요소가 있음을 부인 않는다. 그린이 굉장히 빨라 오히려 필드 그린보다 더 집중해야 할 때도 있다. 스크린이라고 쉽게 여기는 사람이 있는데 10언더파 이하를 밥 먹듯 하는 아마추어 스크린 괴물도 많다고 전했다.

스크린 골프대회에서 8승을 올렸던 또 다른 프로선수는 "말 그대로 스크린은 스크린일 뿐 실제 경기력과는 큰 상관이 없다"고 언론에 밝힌 바 있다. 그래도 필드 경기력은 필드에서 갈고 닦아야 한다고 말했다.

2019년 최민욱은 통산 12승으로 스크린 골프 남자 부문 최다승을 올렸다. '최민욱 프로'라는 유튜브 채널까지 운영했다. 스크린 대회 3승을 올린 김홍택은 2017년 동아회원권 부산오픈에서 우승해 스크린과 필드를 동시에 제패한 첫 사례를 기록한 바 있다.

국내 스크린 골프 인구는 2021년 기준 500만 명에 육박하는 것으로 추산된다. 스크린 골프 업체 골프존을 기준으로 라운드 횟수가 2010년 3,042만 회에서 2019년 6,000만 회로 2배 가까이

증가했다. 스크린 골프 매출액 규모도 실제 골프장 시장의 절반에 달한다.

현재 국내 스크린 골프 업체는 크게 골프존을 선두로 카카오 VX와 SG골프가 추격하는 양상이다. 이들 업체가 내놓은 스크린 장비는 타구 방향 인식 센서를 비롯해 하드웨어 정확도가 우수하다는 평가다. 그래픽 구현력에서 업체별로 약간의 특성이 있다. 임팩트 후 공 움직임이 화면에 반영되는 속도와 공이 페어웨이에 떨어져 얼마나 자연스럽게 굴러가는지 등이 기술력 차이다.

최근에는 "티 높여줘", "멀리건 쏠게" 등 음성인식 AI기술을 적용한 스크린 장비도 나왔다. 카메라 센서를 이용해 스윙 자세를 다각도로 촬영해 프로선수 동영상과 비교하는 단계까지 진화했다. 평면이 아닌 약간 커브 형의 파노라마 형태 화면에서 골프장에 온 듯한 몰입감을 주고 눈의 피로도 덜어주는 제품도 있다. 선명한 그래픽기술이 특징이다.

외신에서도 간혹 명사들의 스크린 골프 장면이 나와 열기를 실감케 한다. 타이거 우즈는 2016년 음주와 부상에서 회복했음을 보여주기 위해 스크린 골프장에서의 아이언 샷 장면을 트위터에 올렸다. 골프광 트럼프 전 내통령은 오마바 진 대통령이 사용하던 백악관의 스크린 골프 장비를 낡았다며 5만 달러를 들여 교체하기도 했다. 참고로 아이젠하워 대통령은 백악관에 퍼팅그린을 놓았다.

골프장은 2008년까지만 해도 담배와 술, 여자 도우미 등으로 인해 골프방이란 별명이 붙을 정도로 부정적인 이미지가 강했다. 하지만 이제는 첨단 IT기기로 무장한 디지털 골프 문화로 정착했다. 안전문제는 좀더 신경 쓸 부분이다. 대구에서 스크린 골프장 화재로 1명이 사망하고 2명이 부상하는 사고에 이어 부산 스크린 골프장에서 화재가 나기도 했다.

스크린 골프 요령은 유튜브 동영상 등으로 많이 소개된다. 전문가들의 조언을 간추리면 기기를 이용한 거리와 방향 측정이 제일 중요하다. 기기 조작 미숙과 불편함이 스크린 골프 흥미 감소의 가장 큰 요소다. 드라이버 샷은 필드와 비슷하고 스크린에서는 자연스럽게 방향이 설정돼 필드보다 에이밍하기 편하다. 바람을 잘 감안해야 한다.

스크린에선 아이언으로 거리를 내기 위해선 특히 뒤땅을 내지 않고 정확하게 임팩트하는 것이 매우 중요하다. 다운스윙 때 손목을 풀지 않고 좀 더 끌고 오는 것을 명심하면 좋다. 필드에서도 마찬가지지만 아이언 샷을 위해선 무엇보다 공을 띄우는 게 중요하다. 롱 아이언을 제외하곤 공을 그린에 세워야 하기 때문이다.

스크린에선 퍼팅이 가장 어렵다는 사람이 많다. 경사와 방향을 잘 계산해 스크린에 맞는 감을 익혀야 하기 때문이다. 경기 임하기 전 충분한 기기 조작법 숙지가 스크린 고수 탄생의 첫 번째 조건이다. 춥거나 무덥고 비 오는 날엔 스크린으로 골프 욕구를 달래고 스윙도 가다듬으면 어떨까.

골프공에 담긴
신기한 비밀

골프장에 가면 초반에 새 공을 잘 사용하지 않는다. 불안하고 긴장된 마음에 항상 헌 공을 쓴다. 몇 홀 지나 몸이 풀리고 널찍한 페어웨이가 나타나면 그제서야 새 공을 꺼낸다. 춘천권 골프장 5번째 홀에서의 일이다. 티잉 구역 앞으로 폭 140m 계곡 너머 페어웨이가 넓고 시원하게 펼쳐졌다. 기온도 오르고 몸이 풀렸다 싶어 흠집 없는 타이틀리스트 새 공을 꺼냈다. 선물로 받아 아껴놓은 공이었다. 제대로 거리를 날려보려는 욕구가 치솟았다. 어려운 앞 홀에서 파를 잡아 아너honour의 영광까지 안았다. 강한 스윙에 맞은 공이 그대로 왼쪽으로 말려 계곡으로 떨어지고 말았다. 망연자실, 성적 대신 아까운 공을 잃어버린 게 더 허탈했다.

절벽으로 내려가 찾을 수도 없었다. 말 그대로 자장면 한 그릇 값이 날아갔다. 충격이 가시지 않아 다음 홀에서 더블 보기를 범했다. 몇 홀 지나서 페널티구역(해저드)에서 같은 브랜드의 새 공을 주워 쓰린 마음을 겨우 달랬다. OB를 내더라도 고급 브랜드 새 공을 주우면 사실 기분이 나쁘지 않다.

프로선수들은 좀처럼 공을 바꾸지 않는다. 골프공은 제작 구조에 따라 투 피스2piece와 쓰리 피스3piece, 그리고 멀티레이어로 나뉜다.

2피스는 고무로 만든 코어core라는 단단한 중심구에 합성수지를 입혔다. 반발력을 최대화해 비거리를 늘리는 반면 볼 컨트롤과 백스핀을 적용하기 힘들어 아마추어 골퍼들이 주로 사용한다. 가격도 약간 싸다. 3피스 공은 중심구를 고무줄로 단단하게 묶은 위에 천연수지를 입혔다. 타구감이 좋고 스핀량이 많아 프로선수나 아마추어 고수들이 사용한다. 내구성이 떨어지고 가격이 상대적으로 비싸다.

골프공의 단단함을 나타내는 압축강도도 중요한 요소다. 스윙 스피드가 빠른 사람은 상대적으로 단단한 공을, 시니어나 여성은 무른 공이 적합하다. 압축강도는 공의 번호 색깔에 따라 구분

골프 딤플은 양력을 일으켜 공을 멀리 보내는 작용을 한다

할 수 있는데 검정(100)이 가장 단단해 프로선수나 아마추어 고수들이 사용한다. 그 다음 빨강(90)이 보통 정도의 단단함을 나타내며 일반 남성들이 선택한다. 파랑(80)은 약간 물러 시니어, 초록(70)은 매우 물러 일반 여성용으로 나온다. 프로선수들은 강한 임팩트 때문에 보통 한 라운드를 돌고 나면 같은 공을 다시 사용하지 않는다고 한다.

골프공에는 곰보 자국처럼 수많은 홈이 있는데 딤플이라 부른다. 상처 난 공이 더 멀리 나간다는 것에 착안해 만든 것으로 양력을 받아 비거리를 늘리는 기능을 한다. 딤플 숫자도 조금씩 다른데 공 하나에 보통 250~400개 정도다. 볼은 무기로 치면 탄환으로 볼 수 있는데 총알의 성능 개선도 중요하다. 볼이 스코어에도 영향을 미친다.

요즘은 디 섐보를 비롯해 400야드를 넘기는 근육질 장타자가 즐비하다. 선수 체형과 클럽, 그리고 공의 성능이 진화했기 때문이다. 드라이버로 멀리 질러 놓고 웨지와 퍼트로 홀을 마감하는 '뻥 골프'로 골프의 재미가 반감됐다는 지적도 나온다. 그렇다고 많은 비용을 들여 골프 코스를 늘릴 수도 없어 공과 장비의 반발계수를 제한한다. 국제공인 골프공 반발계수는 0.83 이하다. 이는 1m 높이에서 공을 놓으면 83cm 튀어 오른다는 뜻이다.

국내 골퍼들이 가장 많이 사용하는 공 브랜드는 타이틀리스트다. 타이틀리스트의 국내시장 점유율은 50~60% 정도로 추산된다. 다음으로 국산볼 볼빅과 스릭슨, 캘러웨이, 테일러메이드 등이 시장을 분할한다. 타이틀리스트 공 표면에 proV1과 proV1x 두 가지 글자가 적혀 있다. 전자는 3피스, 후자는 4피스 형태로 만들어졌음을 의미한나.

홀 컵 지름은 108mm, 골프공 지름은 43mm, 무게는 45.93g.

proV1 공에는 검정색 번호가 적혀 있는데 스핀량이 적지만 비거리가 좋아 아마추어들이 선호한다. 그린에선 상대적으로 잘 굴러 세우기 어렵다. 반면 빨간색 번호가 적힌 proV1x는 비거리보다 스핀을 먹이는 프로선수들이 주로 사용한다. 약간 묵직한 느낌이다.

스릭슨은 '노란색+흰색' 골프공을 최근 내놓아 화제다. 공 한가운데를 중심으로 한쪽은 노란색, 다른 한쪽은 흰색으로 만들었다. 퍼트 정렬을 위해 공 위에 선을 그은 효과를 거두고 공이 그린에서 홀로 제대로 굴러가는지 보여준다. 공의 회전을 볼 수 있어 웨지 샷으로 스핀량을 가늠케 한다.

골프공에 대한 오해도 있다. 오래되면 성능이 떨어진다는 속설이다. 물론 열악한 상태로 오래 방치하면 성능이 떨어지겠지만 솔리드 코어 공은 상온에서 보관만 잘하면 5년 이상 충분히 사용한다. 코어가 공의 정 중앙에 놓이지 않은 편심 때문에 공이 비뚤 비뚤 굴러간다고 의심하는 골퍼도 있다. 예전엔 편심이 심했지만 요즘 시중에 나오는 유명 브랜드의 공은 염려하지 않아도 된다고 전문가들은 말한다.

딤플이 많아야 양력을 받아 공이 높게 뜨면서 비거리가 더 우수하다고 생각하는 사람도 있지만 표면적의 80% 정도가 적당하다고 한다. 백스핀이 아예 없다면 공이 훨씬 멀리 날아가지 않을까 생각하는 사람도 있다. 그것도 정도를 넘어설 정도로 백스핀량이 적으면 공기저항으로 탄도는 높지만 비거리가 줄어든다.

무회전 킥으로 찬 축구공이 골키퍼 머리 위에서 뚝 떨어져 골문으로 들어가는 것과 같은 이치다. 골프는 축구와 달리 일단 공을 멀리 보내고 볼 일이다. 이를 위해서는 적당한 스핀량이 필요한데 분당 2,500회 정도의 백스핀이 이상적이라고 한다.

골프공과 홀 컵의 상대적인 크기는 어느 정도일까. 공인된 홀 컵의 지름은 108㎜(4.25인치)이며, 골프공 지름 43㎜의 2.5배 정도다. 골프공 무게는 45.93g 이하로 한다. 홀 컵 깊이는 4인치 정도가 권장된다.

공을 찾는 시간도 2019년 개정된 룰에 따라 5분에서 3분으로 단축됐다. 이 시간 내에 찾지 못하면 분실구로 처리돼 1벌타를 먹고 원래 자리에서 다시 쳐야 한다. 만약 잃어버린 자리에서 치면 3타째 치는 셈이다.

세련된 디자인에 아름다운 색상의 드라이버나 아이언을 보면 부럽다. 헤드 디자인이 세련도 신형 퍼터도 멋진 자태를 뽐낸다. 그렇지만 도구로서 골프의 진정한 주인공은 다름 아닌 공이 아닐까.

김교수의 코스 매니지먼트

코스를 정략적으로 세분화해 공략하는 전략이다.

❶ 자신이 클럽별로 볼을 어느 방향에 어느 정도로 똑바로 보낼 수 있는지 알아야 한다.

❷ 코스를 공략할 때 자신이 컨트롤할 수 있는 클럽으로 최선의 선택을 한다.

❸ 새로운 스윙에 도전하거나 환상적인 스윙을 기대하지 말고 평상시 루틴(routine)대로 스윙한다.

❹ 코스에서 스윙에 집착하기보다 스코어를 만드는 것에 집중한다.

날씨 바람 잔디 OB 페널티구역 벙커 등 다양한 조건과 상황을 고려하며 매번 안전하게 또는 과감하게 공략할지 선택한다.

방향과 비거리 감안해 코스 공략한다.

그녀에겐
연습 스윙이 없었다

　지인의 합류 제의로 춘천 근처 골프장에서 운동할 기회가 있었다. 동반자 중 여성이 한 명 있었는데 홀을 거듭할수록 일반 골퍼와는 달라 신기했다. 무엇보다 그녀의 골프 진행 속도였다. 우선 연습 스윙이 없었다. 준비하고 있다가 차례가 되자 바로 티잉 구역에 나가 스탠스를 취한 후 날렵하게 공을 날렸다.

　두 번째 샷을 위해선 항상 2~3개의 클럽을 가지고 나갔다. 그중엔 웨지도 포함돼 있었다. 공을 그린에 못 올릴 경우를 대비해서다. 간혹 공이 러프나 경사 혹은 나무 사이로 들어가더라도 신통하게 공을 찾아냈다. 본인 공은 물론 동반자 공도 귀신같이 찾아줬다. 그린에선 늘 본인이 마크하고 공을 놓았다. 이미 그린에 올라오면서 라인을 파악해놓은 듯했다. 이리저리 오가며 쭈그려 앉아 라인을 읽지도 않았다. 18홀 내내 한치의 군더더기가 없었다. 프로대회에서도 볼 수 없는 경험이었다. 골프 실력보다는 경기에 임하는 자세와 진행이 매우 인상적이었다.

한마디로 '3무無 골프'였다. 연습 스윙 없고, 공 잃어버리지 않고, 그린에서 꾸물대지 않는 것이었다. 4시간이 채 지나지 않아 18홀을 끝냈다. 골프를 마치고 식사하면서 그녀가 한때 캐디생활을 했다는 것을 알았다. 골프에서 '느림보 진행(슬로우 플레이)'은 예나 지금이나 영원한 숙제다. 프로선수, 아마추어 마찬가지다.

"고교 동기들과 월례회를 하는데, 늘 슬로 플레이어가 문제죠. 그래서 조편성에 어려움이 많아요. 대책회의를 한 적도 있다니까요." 골프 월례회 관계자에게서 들은 얘기다. 슬로 플레이는 주로 티샷, 이동, 아이언샷, 공 찾기, 그린에서 발생한다. 특히 티샷과 그린에서 슬로 플레이가 동반자를 지치게 한다.

"조금 더뎌도 괜찮아요. 하지만 분명 다음 동작을 기대했는데 예상치 않은 동작이 나와 시간을 끌면 맥이 풀려버리죠." 파주 소재 한 골프장 대표는 "아마추어들은 심한 경우가 아니면 어느 정도는 서로 포용한다"면서도 "연결되지 않는 엉뚱한 동작으로 시간을 허비하면 동반자들의 경기에 분명 영향을 미친다"고 말

연습 스윙 없이 바로 타샷하는 여성 골퍼도 있다

한다. 시간을 많이 소모해버려 동반자들이 사용할 시간까지 빼앗는 행위다. 당연히 동반자들은 서두르게 되면서 리듬이 깨진다.

고질적인 슬로우 플레이어는 기피 대상이 된다. 본인이 나서서 동반자를 모아야 하고 타인에게서 합류 제의가 없는 사람은 보통 두 부류다. 매너에 문제가 있거나 슬로우 플레이어로 보면 된다. 이런 징후가 있으면 바로 자각하고 새로 태어나야 한다. 그렇지 않으면 '골프 왕따'를 당한다.

프로의 세계도 마찬가지다. 2019년 미국의 골프닷컴이 싫은 동반자 유형으로 26%가 느림보 골퍼를 뽑았다. 브라이슨 디 섐보와 로리 사바티니가 21%로 불명예 공동 1위를 기록했다. 특히 디 섐보의 슬로우 플레이는 악명 높다. '필드의 물리학자'라는 고상한 명예를 이것으로 다 까먹는다. 몇 해 전 노던트러스트대회 도중 그린에서 65m 떨어진 샷을 하는데 3분을 소비했다. 그린에선 2m 버디 퍼팅을 위해 동반자들이 인내심을 갖고 2분을 기다려야 했다. 당시 우승한 패트릭 리드보다 디 섐보의 늑장 플레이가 더 화제였다. 경기 종료 후 갤러리들은 물론 동료들까지 SNS에서 십자포화를 퍼부었다.

PGA 통산 5승의 JB 홈스도 이에 못지않다. 예전 파머스 인슈어런스내회 쇠풍일 세컨드 샷을 하는네 4분을 님겼나. 선두었던

알렉스 노렌은 결국 정확한 우드샷에 실패해 우승을 확정짓지 못했다. 그는 일몰로 다음 날 연장전에서 제이슨 데이에게 패하고 말았다. 빠르기로 소문난 세계 1위 브룩스 켑카도 홈스의 희생양이었다. 2019년 디오픈 마지막 날 홈스와 동반한 켑카는 시종 표정이 흐렸다. 갤러리들마저 시계를 가리키며 슬로우 플레이를 경고했건만 홈스는 요지부동이었다. 결국 켑카와 홈스 둘 다 무너지고 말았다. 토끼와 거북이 모두 망가진 케이스. 특히 지적받은 홈스는 이날 무려 16타를 까먹어 자멸했다.

LPGA 통산 48승의 낸시 로페즈도 슬로페즈Slopez라는 별명이 붙을 정도로 느림보였다. 남편이 조언해도 화를 내며 듣지 않다가 "그가 옳다는 걸 깨달았다"며 뒷날 회고했다고 전해진다. "슬로우 플레이가 골프를 죽인다"는 말이 있다. 이래서 미국에선 2019년부터 준비된 선수부터 샷을 하고 깃대 꽂고 퍼팅, 무릎 부위 드롭 등 새 규정까지 만들었다.

그래도 여전히 개선되지 않아 골머리를 앓는다. 이에 유러피언 투어가 먼저 칼을 빼들었다. 2020년부터 한 라운드에서 2차례 시간제한 규정을 어기면 1벌타를 부가했다. 첫 번째 샷은 50초, 이후 40초로 한다. 제한규정을 15차례 어기면 벌금도 엄청 두들겨 맞는다. 왜 이런 슬로우 플레이가 유독 골프에 많을까.

"완벽하게 공을 쳐야 한다는 불안감이 작용하죠. 연습장에선 신중하게 하고 필드에선 과감하게 해야 합니다." 한국체육대학교 김명선 특임교수의 말이다. 그는 "골프를 못 치기 때문이 아니라 성적에 연연한 나머지 배려심이 부족한 것"이라고 설명한다. 본인이 전혀 슬로우 플레이를 인식하지 못해 친한 동반자라면 분위기를 살펴 알려주어야 한다고 덧붙인다.

나는 어느 순간 연습 스윙을 없앴다. 공 뒤에서 가볍게 클럽을 휘두르고 바로 스탠스를 취해 공을 날린다. 처음엔 어색했지만 요즘은 어색함을 못 느낀다. 그날 함께 골프를 했던 그녀는 "매너·에티켓 없이 무작정 필드에 나오는 사람도 많다"고 말했다. 동반자에게 배워야 하는데 동반자마저 잘 모르는 경우가 흔하다는 것. 슬로우 플레이를 방지하기 위한 전문가들의 의견을 종합하면 다음과 같다.

① 자기 순서를 기다려 미리 준비하라

② 프리샷 루틴을 단순·간소하게 하라

③ 찾기 힘든 공에 미련 가지지 말라

④ 클럽은 적당하게 2~3개 가져가라

⑤ 경기 진행 속도를 보며 신속히 이동하라

⑥ 밀리건은 전후반 1개 이하로 제한하라

천사골퍼 악마골퍼

초판 1쇄 2022년 3월 15일

지은이 정현권 김명선
펴낸이 서정희
펴낸곳 매경출판㈜
책임편집 고원상
마케팅 강윤현 이진희 장하라
디자인 ㈜명문기획

매경출판㈜
등록 2003년 4월 24일(No. 2-3759)
주소 (04557) 서울시 중구 충무로 2(필동1가) 매일경제 별관 2층 매경출판㈜
홈페이지 www.mkbook.co.kr
전화 02)2000-2632(기획편집) 02)2000-2636(마케팅) 02)2000-2606(구입 문의)
팩스 02)2000-2609 **이메일** publish@mk.co.kr
인쇄·제본 ㈜M-print 031)8071-0961
ISBN 979-11-6484-377-0 (03690)

문학과지성 시인선 476

오른손이 아픈 날

김광규 시집

문학과지성사

문학과지성사에서 펴낸 김광규의 시집

우리를 적시는 마지막 꿈(1979)
아니다 그렇지 않다(1983)
크낙산의 마음(1986)
좀팽이처럼(1988)
아니리(1990, 개정판 2015)
물길(1994)
가진 것 하나도 없지만(1998)
누군가를 위하여(2001, 시선집)
처음 만나던 때(2003)
시간의 부드러운 손(2007)
하루 또 하루(2011)
안개의 나라(2018, 시선집)
그저께 보낸 메일(2023)

문학과지성 시인선 476

오른손이 아픈 날

초판 1쇄 발행 2016년 1월 7일
초판 3쇄 발행 2023년 2월 14일

지 은 이 김광규
펴 낸 이 이광호
펴 낸 곳 ㈜문학과지성사
등록번호 제1993-000098호
주   소 04034 서울 마포구 잔다리로7길 18(서교동 377-20)
전   화 02)338-7224
팩   스 02)323-4180(편집) 02)338-7221(영업)
전자우편 moonji@moonji.com
홈페이지 www.moonji.com

© 김광규, 2016. Printed in Seoul, Korea

ISBN 978-89-320-2835-4 03810

문학과지성 시인선 476

오른손이 아픈 날

김광규

2016

오른손이 아픈 날

차례

시인의 말

제1부 빗소리

제1부 빗소리

동사목(凍死木)

유달리 추웠던 지난겨울
영하 17도의 혹한을 비껴갈 수 없어
뒷동산 언덕배기에 뿌리박은 채
꼿꼿이 서서 얼어 죽은 나무들
전기톱으로 잘라내는 소리
비명처럼 들린다
산 아래 첫 집 담 너머
우리 마당에도 누렇게 얼어 죽은
낙엽송과 단풍나무
한여름 녹음 속에 처연하게 숨 멎은
동사목 두 그루
살아 있는 나무들만 바람에 수런거리고
마른 잎을 떨어버릴 수 있다는
수목의 유언에 귀 기울이며
말 없는 미라를 보듯
두고두고 바라보기만 할 뿐

녹색 두리기둥

전깃줄 끊긴 채 자락길 어귀에
시멘트 기둥으로 홀로 남은 전신주
담쟁이덩굴이 엉켜 붙어
앞으로 옆으로 위로 퍼져 올라가
우뚝 솟은 녹색 두리기둥 만들어놓았네
폐기된 전신주 꼭대기
담쟁이 더 기어 올라갈 수 없는 곳
바람과 구름을 향해
아무리 덩굴손 허공으로 뻗쳐보아도
이제는 더 감고 올라갈
기둥도 나무도 담벼락도 없네
살아 있는 덩굴식물이 한자리에
그대로 소나무처럼 머물 수 없어
제 몸의 덩굴에 엉켜 붙어
되돌아 내려오네
온갖 나무들 드높이 자라 올라가는
저 푸른 하늘에 앞길이 막혀
위로 올라가지 못하고

아래로 되돌아 내려오며
삶터 잘못 잡은 담쟁이덩굴이
아름다운 두리기둥 만들어놓았네

나비 두 마리

빨래 말미도 없이
한 달 내내 쏟아지는 장맛비에
주황색 능소화
아깝게 뚝뚝 떨어졌다
검은 구름 동쪽으로 몰려가며 겨우
앞산의 모습 나타나고 잠시
비가 멎었을 때
그동안 어디 숨어 있었니 하얀
나비 두 마리
안쓰럽게 나풀나풀
잡초 우거진 채마밭으로 날아간다
장마철에 잘못 태어나
축축하지 않니
해도 못 보고
꽃도 못 찾고
금방 땅으로 떨어질 듯
서투르게 나풀나풀 날아가는
하얀 나비 두 마리

14

풋사랑 이루지 못하고 비 맞으며
사라지는 어린 영혼들인가

까만 목도리

어디 있나 찾을 때마다
장난삼아 둘째 음절에 악센트를 주었던
나의 부드러운 〔목**도**:리〕
영하 15도. 뺨이 얼어붙던 겨울날
어두운 산자락 길 걸어 올라가
워밍암 운동틀 돌리고 내려왔을 때
등산점퍼 속에 걸쳤던
목도리가 보이지 않았다
아무도 없는 밤길
나 혼자 걸었는데
어디서 흘러내렸나
오던 길 되돌아가 살펴보아도
눈에 띄지 않았다
그래도 목을 잃어버리지 않고
목도리만 없어져 다행이지
그것은 결국 내 목에
두르기 전으로 되돌아갔다
잃어버린 것이 아니라

16

떠나가버린 것

도대체 무엇을 소유할 수 있다는 착각

속에서 여태까지 살아왔는데

분실과 더불어 느닷없이

나를 찾아온 손재수

반갑지 않은 친구

내 곁에 잠시 머물렀다가

인사도 없이 사라져버린 놈

따스했던 그 까만 목도리

딱딱한 정물

뽀얗게 먼지에 덮여 거실 한구석에
버려진 옛날 전화기—1950년대에는
재산목록에 들었던 유선 전화기
TV도 인터넷도 없던 시절에
때르릉 울리며 온갖 소식 전해주었지
사방에서 전해오던 사연들
이제는 휴대전화에 모두 물려주고
드문드문 길가에 남아 있는 공중 전화기처럼
케이블 달린 고물이 되어
침묵하고 있네
그래도 어쩌다 눈길이 가면
지난 시절 그리운 목소리 아득한
기억 속에서 되살려주네
시간이 딱딱하게 굳어버린 듯
정물처럼 슬퍼 보이는
검은색 다이얼 텔레폰
일부러 없애버리지 않는다면 아직도
오래오래 제자리 지키고 있겠지

설날 내린 눈

새해 초하루에 함박눈 펄펄 쏟아졌다
미끄러운 눈길을 달려
차례 지내러 온 꼬마 손님들이 눈 덮인
뒷마당 풀밭 한가운데
조그만 눈사람 만들고 그 둘레에
눈으로 얕은 성을 쌓아놓았다
설날은 세배객 맞이하며 바쁘게 지나갔고
이튿날 그것을 발견했다
눈 치우려던 넉가래
담벼락 한구석에 세워놓고
제설 작업 그만두었다
한쪽 눈썹 떨어져버린 그 눈사람과
눈으로 쌓은 그 둥그런 성
그대로 두고 보기로 했다
천천히 눈이 녹은 그 자리에서
연녹색 새싹들이 돋아날 때까지
그냥 기다리기로 했다

난간 없는 계단

산길 오르막길 내리막길에
크고 작은 돌들이 저절로 쌓여 들쭉날쭉
층진 언덕길 생겨났겠지
이것을 흉내 내어 직립원인들
동굴로 가는 계단 만들었겠지
거기를 오르내리며 때때로
미끄러지거나 넘어지기도 했지만
네발 달린 짐승들은 거침없이
아래위로 뛰어다녔지
산비탈에 층층으로 논밭 일구고
하늘로 올라가는 아득한 사닥다리 세우고
바다로 내려가는 가파른 절벽에
걸어서 오르내리는 벼랑길 만들고
이제는 움직이는 계단 위로
위험하게 뛰어다니는 우리들
올라갈 곳만 바라보다가
내려갈 곳 잃고
이리저리 뒤엉켜 몰려다니다가

난간 없는 계단 밖으로
갑자기 밀려나게 되지 않을까
밀지 마
까마득한 나락으로 가뭇없이
떨어져버리지 않을까
붙잡지 마

떨어진 조약돌

길가에 굴러다니는 돌맹이들
하나둘 모인 자리에 저절로
돌무덤 하나 생겨났네
그 위에 행인들의 소박한 염원
쌓이고 쌓여 볼품없게 삐죽 솟은
돌탑 하나되었네
그 꼭대기에 아슬아슬하게 올려놓은
조약돌 한 개
언덕길 올라갈 때 눈에 띈
그 동그란 머릿돌
내려오다 보니 어느새 길바닥에 떨어져
오가는 발길에 차이고 있네
길가의 돌탑 꼭대기라 해도
정상에 머물기는 쉽지 않은 듯
수많은 바탕돌 모두 제자리에
그대로 널려 있는데

모르지요

구름 없는 밤하늘
한가운데 환하게 떠 있는
둥그런 보름달보다
소나무 밤나무 감나무 가지들 헤치고
나뭇잎 사이로 수줍게 발돋움하는
초승달 일그러진 모습이
더욱 아름답게 보이는 까닭
모르지요

바람 바람

메타세쿼이아 숲 큰키나무들
밑동부터 우듬지까지 한꺼번에 흔들어
겨울 먼지 털어내는 봄바람
응달진 산기슭에 남녘 소식 전해준다
오랫동안 가물었던 캘리포니아의 산과 들
오스트레일리아의 황량한 들판을
몇 주일씩 불태우는 무서운 바람
오클라호마의 컨테이너를 공중에 날려버리고
3백여 생명을 앗아가는 토네이도 회오리바람
태평양 바다의 성난 물결
서쪽으로 북쪽으로 몰아와 마침내
일본 동해안을 해일로 휩쓰는 싹쓸이 바람
때로는 용오름으로 벌떡 일어서
남해안 항도의 전신주들 쓰러뜨리고
엄청난 물난리 일으키는 타이푼
몽골 사막의 모래 먼지와 중국의 매연을
황해바다 건너 서울로 몰아오는 북서풍
잠시 숨결 고르는 듯

들판의 풀과 벼와 보리를 부드럽게 쓰다듬고

풍매화 꽃가루 날리며

추녀 끝 풍경 울리는 하늬바람

힘겨운 노동의 땀 시원하게 식혀주고

스카프 휘날리며

자취 없이 사라지는 철바람

낙엽과 낙과만 곳곳에 남겨놓고

오는 듯 가버리는 가을바람

눈보라 몰아치는 겨울 벌판에서

아무도 붙들 수 없어 몸부림치다가

북극 하늘로 올라가 오로라가 되는가

빗소리

반가워라 한여름 빗소리

손가락 마디만 한 대추나무 잎

한 뼘쯤 자라서 반짝이는 감나무 잎

어느새 탁구공만큼 커진 밤송이

쟁반처럼 넓은 후박나무 잎

더위에 지쳐서 떨어져버린

능소화 주황색 꽃잎 들을

후두둑 다급하게 두드리는 빗방울 소리

뒤따라 참을 수 없다는 듯 쏟아져 내리는 빗줄기

오랫동안 가물었던 논과 밭

훅훅 열기를 뿜어대는 도심의 차도와 고층 아파트

곳곳을 흠뻑 적시며

플라타너스 가로수 통째로 흔들고

때로는 돌개바람으로 창문을 부숴버릴 듯 두들기며

장엄한 음향 들려주네

아무도 흉내 낼 수 없이 거센 비바람

사이사이에 매미들의 합창

꾀꼬리와 지빠귀들 틈틈이 지저귀고

천둥소리 북소리처럼 울리며

한나절 내내 또는

쉬엄쉬엄 하루 종일

땅 위의 온갖 나뭇잎들 모조리 씻겨주고

섭씨 36도의 더위 시원하게 식혀버리며

폭포처럼 쏟아져 내리는 생명의 빗줄기

대지 속으로 깊숙이 스며들고

분수가 되어 다시 솟아올라오라

아무리 오래 들어도 싫증나지 않는

빗소리 한여름 빗소리

저물녘 풍경

가을 햇볕 눈부시게
감나무와 대추나무 윤나는 잎들
위로 내리쪼이고
내부순환도로 달려가는 자동차 소음
방음벽을 넘쳐흐른다
선거 때 들어선 무허가 건물
언덕 아파트 고층 유리창들
지는 햇살에 반짝거리고 길 건너
동네까지 긴 그림자 눕힌다
굴뚝과 연기 사라져버린 6백 년 고도
기와집과 골목길 자취 감춘
변두리의 보잘것없는 저물녘 풍경
이곳을 떠나면 문득
보고 싶게 될지도 모른다
집 떠나면
허물없는 식구들 생각나고
외국에 가면
지저분한 고국이 그리워지듯

타우젠트 아일랜즈

천 개의 섬이 흩어져 있는 바다 같은 호수
그 많은 섬들 곳곳에
호화로운 별장과
크고 작은 휴양관 즐비하고
요트를 대는 선착장 난간과
물결 출렁이는 바위에 가마우지 떼
새까맣다 혹시
집이 없는 작은 섬 하나 있으면
마음속에 간직하고 싶었지만
유람선으로 한 바퀴 돌아보니
이쪽에는 성조기 펄럭이고
저쪽에는 단풍잎 깃발
흔적 없는 국경으로 나뉜 호수에
주인 없는 섬 하나도 없다
발 디딜 땅 한 곳도 없다

새와 함께 보낸 하루

아침나절 벽돌담 위에 대나무 소반
새 모이 주려고 올려놓았다
참새들 떼 지어 날아와 짹짹거리며
음식 찌꺼기 쪼아 먹는다
때로는 박새도 몇 마리 찾아온다
유리창으로 그 예쁜 모습 지켜보면
숨죽일 사이도 없이 금방
날아가버리고 산수유 나뭇가지에서
직박구리 한 쌍 내려앉아
날렵한 몸매로 긴 꽁지를 흔든다
한동안 사방을 두리번거리다가
얼른 빵 부스러기 한 쪽 입에 물고
또 여기저기 살펴보다가
단숨에 꿀꺽 삼킨다
주위를 살피는 시간은 꽤 길고
먹이를 삼키는 순간은 아주 짧다
(시 쓰기와 비슷하지 않은가)
뒤이어 산비둘기와 까치가 다녀가고

저녁때는 옆집 고양이가 살금살금 다가와
냄새만 맡고 돌아간다
날이 저물어 새 모이 소반
어둠 속으로 사라지면
밤하늘 날아가는 기러기 행렬
끼룩거리는 소리 들려온다
오늘도 시를 쓰지 못했구나

홉스굴* 부근

타이가 산 중턱에 올라와
이발소 풍경화처럼 눈에 띄는 남청색
물빛을 내려다봅니다 해발 1천 5백 미터
고원에 고여 있는 시간의 색깔이
하늘을 바라보면서 하루에 몇 번씩
천천히 바뀝니다
야생화 만발한 산록 초원에서 온종일
풀을 뜯는 양 떼들
측백나무 숲 위를 떠도는 솔개들
침엽수림 뒤덮으며 소리 없이 퍼지는 안개가
때로는 모든 경계를 지워버리기도 하지요
홉스굴 호수와 짙푸른 원시림
90일 비자로 입국한 관광객들에게
자연은 국경이 없다고 가르쳐줍니다

* 몽골의 북쪽 타이가 삼림지대에 있는 바다처럼 넓고, 깊고, 아름
다운 호수.

제2부 어리석은 새잡이

가지치기

늦가을 감 딸 때면 생각나네
돌아가신 우리 할아버지
까치밥 몇 개 감나무 높은 가지에
남겨두셨지
우리 집 단골 정원사 박 씨도
담 넘어온 이웃집 단풍나무 가지 치면서
으레 한두 개는 그대로 내버려두었지
늙은 박 씨 눈이 나빠서
깜빡 잊어버린 줄 알았네
먹을 수도 없는 나뭇가지 한두 개
남겨두는 버릇 그러나
해가 바뀌어도 변하지 않았지
왜 그렇게
남겨두었는지 나도
이제야 철들어 알게 되었네

고금(古今)

집집마다 동냥 다니다 보면
인심은 나날이 각박해졌다
초인종을 몇 번씩 눌러야
문을 빼꼼히 열고
겨우 잔돈 몇 푼 주거나
쌀 한 공기 퍼 주는 것이 고작이었다
산나물 한 접시를 덜어 주거나
마당의 나무에 매달린 감
몇 개 따 주는 집도 드물어졌다
그런데 오늘은 어느 집에서
책을 한 권 주었다
얄팍한 시집이었다
마음의 보시라 할지라도
먹지 못할 공양 받을 수 없어
합장만 하고 돌아섰다
해어진 옷가지 빨랫줄에 걸린
이 허름한 슬레이트 지붕 아래 그럼
말로 절을 짓는

시인이 살고 있단 말인가
세속의 명성은 알 수 없으나
다시 오고 싶지 않은 집이라고
휴대폰에 저장했다

난초꽃 향기

마루에서 동화책 읽고 있던 나를
안방으로 데리고 들어가서 할아버지는
무슨 보물이라도 보여주려는 듯
창문에 늘어진 속 커튼을 젖혔다
창턱에는 난초 화분이 네 개
그 가운데 하나가 처음으로 꽃을 피웠다
하얀 줄기에 샛노란 꽃잎
난초꽃 향기가 그윽하지 않으냐
난초가 들으면 안 되는
무슨 비밀이라도 알려주듯
할아버지는 목소리를 낮추어 내게 말했다

화분에 심은 풀잎처럼 보이는 난초에
흥미 없는 손자 녀석은 시큰둥하게
힐끗 쳐다보고
별것 아니라는 듯
횅하니 거실로 되돌아가 멈추었던
컴퓨터 게임을 계속했다

작은 손가락이 나는 듯 움직였다
할아버지가 되어버린 옛날의 손자는
괜한 짓을 한 것 같아 머쓱해졌다
녀석이 나이 들 때까지
기다리는 수밖에 없었다

가을 소녀

들판에서 양 떼를 지키며
두 손 모아 기도하는 소녀의 모습
스마트폰 들여다보는 것 같네
시간은 150년 전 그대로 멈춰 있는데
두 눈을 내리뜨고 웃음 짓는
소녀의 옆얼굴 보니 이곳에서도
와이파이 터지는 듯
늑대 몇 마리 양 떼 곁으로 다가와도
밀린 메시지 읽기에 바쁘고
카카오톡에 열중하는 양치기 소녀
눈매는 감자 심는 엄마 닮았고
입매는 밭을 가는 아빠 비슷하지만
마음은 아득한 미래
디지털 세상으로 날아가네
누런 풀밭에서 고개 숙인 가을 소녀
화폭에 담긴 그림은 아닌 듯
늙지 않은 어머니의 어머니의 어머니의……
앞으로 태어날 딸의 딸의 딸의……
변함없는 모습 여기 있네

내외

허리 다쳐 꼼짝 못하고 시체처럼
자리에 누워 있으려니
커튼에 붙어 있는 노린재 한 마리
살금살금 기어 다니는 꼴
눈에 거슬린다 늦가을 화분에 묻어 들어와
어느새 입동 소설 대설 동지를 방 안에서 살고 있다
언젠가는 이불 위로 떨어질 것 같아
없애버리라는 바깥양반의 말씀
안사람은 듣지 않는다 살겠다고 기어
들어온 것을 어떻게 죽이냐는 것이다
그러면 밖으로 쫓아내라고 해도
듣지 않는다 이 추위에
밖으로 몰아내면 얼어 죽는다는 것이다
부드럽고 따스하게 안에서
생명을 감싸려는 보살의 말씀
촉촉하고 향기롭지만
병들어 움직이지 못하는 속인은 겨우내
좀비처럼 사는 수밖에

누워 있는 부처

꼭 무엇이 되고 싶은 마음은
별로 없다 그러나
종심(從心)의 나이에 이르러
아직도 되고 싶은 것 한 가지
있음을 깨달았다
한 팔로 머리를 받치고 옆으로
비스듬히 누워 있는 몸의
부처
나무도 짐승도 사람도 죽으면
어차피 땅 위에 쓰러질 것을
정신의 온갖 질곡 벗어나
살과 뼈와 터럭과 욕망 모두
떨쳐버리고
한없이 편안하게
땅 위에 누워 있는
부드러운 모습
와불(臥佛)을 볼 때마다
아직도 부처처럼 되고 싶은

욕심을 버리지 못한
내 마음 부끄럽다

돌사자 옆에서

50년 전에 왔을 때도 그랬다
7층석탑이 3층으로 줄어들 때까지
용맹스런 인왕(仁王)들은 꼼짝 않고 서 있었다
기단(基壇) 네 귀퉁이에 앉아서
1천 3백 년이 지나도록 옛 절터를 지켜온
돌사자 네 마리
서라벌 비바람에 삭아들어
머리가 물개처럼 둥그렇게 마모되고
앞발의 사나운 발톱들 모두 닳아빠졌다
북쪽의 변경에서 가장 멀리 떨어져
신라의 찬란한 역사
이처럼 귀여운 모습으로 남았다
천년고도를 1박 2일에 보려는
관광객들 대릉원 근처에서 붐비고
한정식집과 승용차 들 나날이 많아지고
아마 50년 후에도 그럴 것이다
얼굴 윤곽 사라진
돌사자 어깨를 쓰다듬으며

석탑을 배경으로 사진 찍는 사람들
그 가운데는 아직 태어나지 않은
친구들도 많을 것이다

발

영화나 연극이나 오페라 보면서
또는 고전음악 연주 들으면서
두세 시간 객석에 앉았노라면
눈과 귀와 심장만 빼놓고
온몸이 꼼짝 않고 무대 쪽을 주목한다
참으로 오래간만에 양쪽 발도
보행의 노고를 벗어나
모처럼 안식을 취하는 시간
적어도 예술을 감상하는 동안이라도
오른발 왼발 둘이서
마음 놓고 쉬게 하자
쉴 틈 없이 신발 신겨 부려먹으면서
양쪽 발을 주물러주지는 못할망정
육체의 프롤레타리아라고
전혀 눈길도 주지 않고
업신여기지 말자
흔히 손보다 앞서 나가면서도
악수 한 번 못 해보고

언제나 당나귀처럼 순종하는
두 발을 씻겨주지는 못할망정
그냥 내버려두기라도 하자
다행하게도 발을 다치지 않은
오늘 같은 날은

세 바퀴 자전거

뒷바퀴 두 개 가운데
오른쪽이 부서졌다
세번째 바퀴가 찌그러져
앞바퀴와 왼쪽 뒷바퀴만으로 굴러가지 못해
나머지 두 바퀴로 달려갈 수 없어
다수결도 아무 소용 없어
마당 한구석에 버려진 채
비 맞으며 녹슬어가는 우리 집
세 바퀴 자전거
아이들이 탈 수 없는
세발자전거
버리기 아깝지만
아무도 거들떠보지 않는
집 안의 노숙

소리의 무게

추녀 끝에 매달린 종
바람 불 때마다 딩동댕동
맑게 울리는 풍경(風磬)
종 아래 매달린 붕어를 떼어 달라고
돌계단 위에서 팔짝팔짝 뛰어오르며
졸라대는 연이를 힘껏
들어 올렸다 고사리 같은
손가락 끝이 붕어에 닿을락 말락
무거워졌구나 어느새 18킬로그램
할아버지가 풍경 소리에
귀 기울이는 동안 손주는
어느새 두 배나 컸구나
소리도 쌓이면 나이 들고
그 무게 늘어나는 듯

수정 고드름

콧속이 얼어붙고
물 묻은 손 문고리에 철썩 들러붙던
겨울날 부르던 동요
아련히 귓전을 감도는데
못 찾겠다 꾀꼬리
꼬마들의 밝은 목소리
골목길에서 울려오고
뻐꾸기와 멧비둘기와 귀뚜라미 우는 소리
빗소리 바람 소리 물 흐르는 소리
옛날이나 다름없이 들려오는데
산에서 도심에서 바닷가에서
앉으나 서나 걷거나 멈추거나 오직
손바닥만 들여다보는 동포들
하루살이처럼 오늘만 검색하고 있네
쉴 새 없이 움직이는 허상들만 보고 있네
어디서 왔나 저 인형 같은 아가씨들
시간의 운무 속에 메아리만 남기고
해변의 발전소 덕택일까 이제는

사라져버렸네 그 추웠던 어린 날
티 없이 고운 꿈을 엮어서
각시방 영창에 달아놓고 싶었던
고드름 수정 고드름

유리약국

유리문 앞을 지나가며 힐끗
안을 들여다보았다
사무원처럼 불친절해 보이는
남자 약사는 혼자가 아니었다
유리문 앞을 지나오며 힐끗
안을 들여다보았다
여자 약사도 한가롭지는 않았다
손님을 맞이하거나
약을 내주고 돈을 받거나
전화를 걸고 있었다
유리문을 통하여 환하게
약국 안이 들여다보이지만
선뜻 안으로 들어가
물어보기는 힘들 것 같았다
요즘도 매일 그 앞을 지나면서
유리문 안을 들여다본다
그들은 물론 나를 모를 것이다
유리문을 열고 들어가

오랫동안 앓아온 병명을 대고
그 약을 살 때까지 나는 그저
길을 지나가는 수많은 행인들
가운데 하나일 뿐이다
문밖에서 그냥 행인으로 머물까
안으로 들어가 병자가 될까
결정하지 못한 채 아직도
유리약국 앞을 서성거린다

홍제내2길

이름이 새로 바뀐 골목길
홍제내2길의 이른 아침
이 집 저 집에서 꼬마들이 튀어나온다
등에 멘 책가방 탈싹탈싹 좌우로 흔들면서
두 팔 활짝 벌리고 초등학생들
서둘러 학교로 달려간다
골목길 모퉁이를 돌아
훤하게 트인 한길로 사라진다
뒤이어 우체부가 지나간 소식 전하고
노인들 드문드문 경로당으로 모여들고
등산복 걸친 중년 남자가
자기보다 큰 개를 데리고 간다
길가에 삐뚤빼뚤 세워놓은 자동차들
먼지를 쓴 채 하루 종일
그 자리에 서 있다 출퇴근하는
젊은이들 별로 없고
양파와 햇감자 파는 행상들의 확성기 소리
유아원 미니버스와 청소 차량이 가끔 지나갈 뿐

비어 있어 아까운 한낮 기울 무렵
오후의 골목길에서
꼬마들이 다시 나타난다
축 처진 책가방 짊어지고
맥 빠진 걸음걸이로
콜라 깡통을 발로 걸어차면서 아무렇게나
되는 대로 걸어온다 하루 사이에
조금 길어진 머리카락 나풀거리며
아침에 나타났던 골목길 모퉁이
전신주 곁으로 사라진다
홍제내2길에서 오른쪽으로 꼬부라져
집으로 가는 거겠지 어제저녁으로
되돌아가는 것은 아니겠지

늙지 않는 쇼팽

강원도와 강화도를 구분하지 못해도
쇼팽의 음악을 좋아하니
그나마 다행한 노릇이다
밥 쟁반을 밀어내 놓고 방문이
딸깍 잠기면 뒤이어
온 집 안이 떠나가도록 높은 볼륨으로
터져 나오는 피아노 곡
폴로네즈와 프렐류드와 왈츠
아름다운 음악을 진절머리 나게 만드는
이 폭력을 도대체 어디서 배웠을까
견디다 못해 식구들 하나둘 집을
떠나고 노부모만 쓸쓸히 남았다
온갖 패악질 모두 원죄로 받아들이고
노인들은 어둠 속에서 은둔이의
초등학교 생활통지표를 꺼내본다
─총 평균 98.9 전 과목 수
　용모 단정하고 생활 규범을 준수하고
　친구들과 사이좋게 지내는

모범어린이입니다
귀여운 자식의 옛 모습 거기에 있다
사라진 미래도 과거처럼
되돌아볼 수 있는 것일까
때 없이 요란한 피아노 소리 울려 나와
행인들이 걸음 멈추는 집
늙지 않는 쇼팽이 살고 있는
은둔이네 박공집

목불의 눈길

동남아 어느 공항 면세점에서 샀지
마호가니 나무로 만든 부처의 얼굴
곱슬머리에 길게 늘어진 귀
눈을 내리뜨고 깊은 생각에 잠겨
보는 이의 마음까지 그윽하게 감싸주는
목불(木佛)의 두상
나의 서재 창가에 놓아둔 지
벌써 몇 해가 지나갔나
오늘따라 잘 풀리지 않는 글 쓰다가
한밤중 빗소리에 문득
창 쪽을 바라보니 나무부처의 눈길이
말없이 나를 마주 보고 있지 않은가 마치
오래 기다리던 눈길과 마주치기라도 한 듯
얼른 부처 앞으로 다가가
그 눈을 들여다보았지 그런데
형광등 착시 현상이었나 부처는
여전히 눈을 내리뜨고 있었지 어쩌면
내가 바라보지 않을 때만 이 목불이

나를 응시하고 있는 것 아닐까
이제는 쓰기 싫은 글 혼자 쓸 때도
콧구멍 후벼대거나 요란한 하품
삼가야 할 듯

어리석은 새잡이

뒷마당 한가운데 댕댕이바구니
한 구퉁이를 나무때기로 버텨
덫 만들어 엎어놓고 그 아래
새 모이 뿌려놓으면
동네 참새들 몇 마리씩 날아와
방정맞게 요기조기 헬끗거리며
낟알을 콕콕 쪼아 먹었지
봉창 문틈으로 방 안에서 지켜보다가
새들이 바구니 밑으로 들어갔을 때
나무때기에 맨 끈을 재빨리 나꿔채면
참새 몇 마리 바구니 덫에 갇히게 마련
문을 박차고 뛰어나가는 사이에 그러나
참새들 쪼르르 빠져 도망가고
빈 바구니만 마구 밟아 못쓰게 만든
어리석은 새잡이
살림꾼 어무니에게 혼쭐나게 야단맞고
그만둔 지 육십 년

제3부 그늘 속 침묵

생가 앞에서

옛날 살던 기와집은 자취도 없고
길가에 옷 가게와 카페 들만 즐비했다
조그만 출입문에 그래도 74번지
수없이 기입했던 나의 본적지
주소가 남아 있어 초인종을 눌렀다
―누구요?
주인 할머니의 퉁명스런 목소리
―제가 태어난 집 마당을 잠깐
　　들여다볼 수 있을까요?
공손하게 물었으나
―다른 집에 가보시오!
딸깍 끊었다
더 말을 붙일 수도 없었다
오래된 생가 앞에서 귀찮은 구걸객이 되어
씁쓸하게 발길을 돌리는 수밖에

고렷적 이야기

옛날 옛적 고렷적에도
마을 앞 살구나무에서 꾀꼬리 노래했고
대청마루에 놓아둔
거문고에 바람 지나가면
악보에 없는 소리 울렸다
아무도 찾아오지 않는 저녁에는
뒷동산 소쩍새 소리 들으며
달빛 아래 혼자서
술잔 기울이기도 했다
베옷 입고 무더위 견뎠던 할아버지의
할아버지의 까마득한 조상들이
합죽선 부채질하며
한시를 읊조렸고
몽고의 침략에 시달리면서도
팔만대장경 한 글자 한 글자 목판에 새겼다
무더웠던 고렷적 여름날에도 냇가
버드나무에서 매미들 울어댔고
몽고풍 변발을 한 부원배들이

음직을 얻으려고 서로 다투었다
색동옷 입고 대도에 끌려온
고려의 딸들은 가을이 와도
겨울이 가도 돌아가지 못하고
원나라에서 불쌍하게 늙고 늙어
마침내 솔롱고스 할머니가 되었다
몽골리언 손자 손녀들은 오늘도
외가 마을 무지개를 그리워하고

개마당

북한산 비봉에서 인왕산성 서북쪽까지
그리고 통일로 주변의 아파트와 주택촌 일대
한눈에 들어오는 고갯마루에 올라서면
5리 남짓 걸어온 보람 있어 저 아래로
철책 두른 개마당도 하나 눈에 띈다
누렁이 검둥이 흰둥이 열댓 마리
시멘트 바닥에서 뛰놀며 뒹굴고 있다
장대비 쏟아지는 날이나
불볕 뜨거운 여름 한낮에는
개들도 마당에 잘 나오지 않지만
아침저녁에는 여러 마리 뒤엉켜 소란스러운
개판 벌이기도 한다
오늘은 강아지 두 마리만 아슬랑거릴 뿐
개마당이 텅 비었다
큰 놈들은 모두 팔려 간 모양이다
한여름 복중에 털옷 입고 헐떡거리며
순서 없이 차례를 기다리는 멍멍이들
본체만체 숲 속 언덕길로 멀쩡한

66

뚜벅이들 꼬리 물고 지나간다
배낭에서 울려 나오는 뽕짝노래
쓰레기처럼 여기저기 흘리면서

당시의 유행

당시의 청소년 유행 가운데 하나는
새로 산 나이키 운동화
그 비싼 신발의 뒤축을 꾸부려
찍찍 끌고 다니는 것이었다
청바지 무릎 위
10cm 부위를 일부러 찢어서
너덜너덜하게 입고 다니기도 했다
힙합 바지는 그 뒤에 등장했다
유행의 속도는 점점 빨라지고……
어느새 그들이 오십대 초반
국회의원이나 장관이 되기도 했다
그 자녀들이 대학생 되어
홀태바지를 입고 다니며
하루 종일 스마트폰을 들여다본다
정보의 속도는 믿을 수 없이 빨라지고
마음의 깊이는 점점 얕아지고
얼굴은 모두 어슷비슷해지고……
"너 하나 나 하나는

어디서 무엇이 되어
다시 만나랴"*
밤하늘 별자리를 찾던 시인들
이제는 인터넷 사전을 뒤지거나
몽골 여행을 떠나고……

* 김광섭(1905~1977)의 시에서 인용.

구부러진 타래송곳

요즘은 양철 병마개가 널리 보급되어, 와인병 따기가 쉬워졌다. 그러나 여전히 코르크 마개로 시간을 봉합한 수입 포도주도 많다.

어떤 때는 이리저리 돌려보아도 와인병 코르크 마개가 빠지지 않는다.

타래송곳이 똑바로 들어가지 않고 헛돌 때는, 이 고장 난 코르켄찌어Korkenzieher를 두고 외설스런 농담이 오고 가기도 한다.

외출하는 길에 쓰레기통에 버려야지. 못 쓰는 병따개를 백팩 바깥 주머니에 넣어둔 채, 꺼내 버리지 못하고, 잊어버렸다.

이 고장 난 병따개 덕분에 그러나 달리는 급행열차 객실에서 가까스로 포도주병을 딸 수 있었다. 동행했던 서 교수의 정교한 솜씨로 천신만고 끝에 부서진 코르크 마개를 힘겹게 뽑아낸 다음, 코르크 찌꺼기를 걷어내고, 레드와인을 나누어 마셨다. 애초

70

에 맨손으로는 안 될 일이었다.

술 담배는 물론 취사가 일절 금지된 남쪽 자연생태원 숙소에서도 이놈 덕분에 포도주 한 병을 밤중에 몰래 마실 수 있었다.

내가 조금만 부지런했어도, 이미 쓰레기통으로 사라져버렸을 이 구부러진 타래송곳의 쓸모가 게으름의 미덕을 가르쳐주었다.

그렇다. 때로는 잊어버릴 수도 있다. 그냥 뒤로 미루어두자. 그리고 당장 쓸모없어 보이더라도, 서둘러 버리지는 말자.

누렁이

두 앞발 가지런히 모으고
양쪽 귀 쫑긋 세우고
못 보던 누런 토종개 한 마리
포장도로 길가에 앉아 있네
뒷발로 벌떡 일어서 반갑게
맞이할 주인 어디로 갔나
날이 어두워도 나타나지 않네
혼자서 음식 쓰레기 주워 먹고
자동차 지나갈 때마다
꼬리 몇 번 흔드는 누렁이
길바닥에 내려놓고
사라진 주인 돌아오지 않네
벌써 며칠째인가 온종일
SUV 달려간 쪽 골똘히 바라보며
슬픔에 지쳐버린 누렁이
맥없이 길가에 엎드려 있는
황색 유기견 한 마리

건널목 우회전

땅거미 내릴 무렵
건널목에서 우회전하다가
길 한가운데 움직이는 물체가 보여
황급히 브레이크를 밟았다
너덧 살 난 꼬마가 거기 있었다
급정거에 아랑곳없이
스키니 청바지에 야구 캡을 쓴 엄마가
스마트폰을 환하게 들여다보며
뒤따라오고 있었다

땅 위의 원 달러

천 년 전에 지은 사원
불가사의한 석조 건축 벽면 가득
채운 정교한 돋을새김
코끼리를 탄 장군들과
요정 같은 무희들 빼놓으면 모두
칼과 창과 활과 방패를 든 전사들
아득한 옛날 이 찌는 듯이 무더운 초원에서
무슨 힘으로 이렇게 싸웠을까
성인들은 대개 더운 나라에서 태어난다 하지만
자비로운 부처를 모시는 이 땅에서
무엇을 잘못 배웠기에
130만 불자를 학살했을까
석탑보다 훨씬 높이 자란 스펑나무가
거대한 사원을 통째로 문어발처럼 휘감고
마침내 폭격 맞은 폐허처럼 무너져
내리도록 날렵한 사자 석상들도
일곱 개의 머리를 가진 돌 구렁이들도
막아내지 못한 시간의 파도

몰려왔다가 되돌아가고

몰려와 쌓였다가

다시 부서져

파편으로 널려진 사암의 잔재들

맨발로 밟고 다니며 원 달러

원 달러…… 구걸하는

어린 후손들

저녁 비행기

오전에 볼일 겨우 끝내고
허겁지겁 공항으로 달려 나왔다
비행기 좌석을 배정받고
검색대를 통과하여 출국신고 끝낸 다음
얼른 면세점에 들러서 선물용
인삼차와 포장 김치
애프터셰이브로션과 포도주 한 병
여행 가방에 꾸려 넣는다
탑승구로 달려가는 길에
재빨리 경품권에 주소 성명 적어
응모함에 집어넣는 짓궂은 장난
1주일 지나면 다시 돌아오겠지만
집을 두고 서울을 떠나 서쪽 하늘로
날아오르며 깃털처럼 홀가분해지는 순간
도착지 입국 신고서에 국적을 미리 기입하고
우리는 제각기 여권을 소지한 외국인
탑승객으로 변신한다
적잖은 항공료와 유류할증료 지불하고

편리하게도 서로 모르는 사이가 되어
시간을 거슬러 날아간다
밤이 더욱 깊어지는 곳으로
날이 차츰 밝아오는 곳으로

불타버린 전망대

크낙산 등성이 거북바위 곁
지붕 없는 전망대 올라가보았나
방부목으로 조립한 직사각형
노천 마루에 올라서면
인왕산 너머에서 해가 솟아오르고
백련산 송전탑 위로 초승달 기우는 곳
북쪽으로 보현봉에서 비봉까지 삼각산
서쪽 줄기 높고 낮은 산봉우리들 우람하고
남쪽으로 안산 봉수대 너머
서울의 도심으로 한강이 흘러가네
기막히게 자리 잡은 이 전망대를
방향이 틀렸다고 트집 잡고
다시 지어야 한다고 떠들던 때
폭죽 소리 시끄러운 한가위 저녁
여기서 시뻘건 불길 치솟아 올랐네
소방대가 달려와 가까스로 불을 껐지만
마룻바닥은 몽땅 불타버렸지
부랴부랴 보수공사 서둘러 한 달 만에

재빨리 옛 모습 되찾았는데
해가 바뀌기도 전에 또 누군가
여기에 불을 놓았네
아름다운 산과 들 짓밟아 더럽히고
제 마을에 불 지르는 무리들
아니라면 누가 그랬을까
마룻바닥 한가운데 시커멓게 불탄 구멍
위험하게 뻥 뚫린 채
흉한 꼴 지금도 그대로 남아 있네
불타버린 이 전망대에 그 뒤로는
아무도 불 지르지 않았네
그러나 고쳐놓으면 또 나타날걸
이곳저곳 오고가며 태연하게
이 땅에 숨어 사는 불귀신들

석불당 새소리

코끝으로 흘러내리는 안경 고쳐 쓰고
황새는 외다리로 서서
딱따구리가 잡아다 준 나무굼벵이를
날름 삼켰다 목이 길어서 우연히
심사위원으로 뽑힌 황새는
새들의 노래자랑을 한바탕 들은 다음
참새와 비둘기와 까치를 텃새라고
예선에서 떨어뜨렸다 뒤이어
까마귀와 뻐꾸기와 소쩍새 노래는 어딘가
슬프고 처량하게 들린다고 탈락시켰다
종달새와 꾀꼬리의 노래는 듣기에
좋지만 너무 경박하고 간사하다고
낙선시켰다 모두들 조용해졌다
딱따구리가 잡아다 준 산개구리를
한입에 삼키고 나서 황새는 긴 목을
주억거리며 마침내 일등을 발표했다
딱따구리
나무 쪼는 소리 박자가 잘 맞고

태도가 신중하다는 것이다
한동안 소란스럽게 지저귀던 노래마을
온갖 새들이 벌 떼처럼 들고 일어나
황새를 개울가로 쫓아냈고
당선조(當選鳥)는 크낙산 골짜기로 숨어버렸다
낙선조(落選鳥)들은 뒷산으로 날아 올라가 저마다
개구리 한 마리 없음을 한탄하며
아쉬운 여생을 보내게 되었다 석불당(石佛堂)
뒤쪽 숲 속에서 들려오는 새소리
지금도 구슬프지 않은가

쪽방 할머니

며느리가 입던 재킷
팔소매 걷어 올리고
아들의 해어진 청바지
엉덩이에 반쯤 걸치고
손녀가 신다가 버린 운동화
뒤축 찌그려 신고
재활용 쓰레기터에서 주워 왔나 짝퉁
명품 핸드백을 목에 걸었네
가난에 찌들어 눈빛도 바랬고
온 얼굴 가득 주름살 오글쪼글
지하철 공짜로 타는 것 말고는
늙어서 받은 것 아무것도 없네
견딜 수 없이 무더운 한여름이나
한강이 얼어붙는 한겨울이면
홀로 사는 지하실 구석방을 나와
지하철 노약자석에서 하루를
보내는 쪽방 할머니
땅에서 태어나 땅속으로 돌아다니는

우리의 외로운 조상
어디로 옮겨 가셨나
요즘은 보이지 않네

길 없는 길

울란바토르로 날아가는 국내선
34인승 포커 쌍발기 창가에 앉아
광활한 초원을 내려다본다
끝없이 펼쳐진 언덕과 들판에
드문드문 유목민의 천막들 눈에 띄고
무리 지어 방목되는 소 말 양 염소 낙타 들
말을 타고 다니는 몽골인들에게
바퀴로 달려가는 포장도로 필요 없는 듯
말이 가는 길 따로 없고
말이 가는 곳 모두 길이다
철도와 차도 거미줄처럼 뒤엉킨 땅 솔롱고
세상이 온통 길인 것 같지만
걸어 다니기 힘든 나라
진실로 사람이 가야 할 길은
길 없는 길 아닌가

메아리

보이지 않는 소리의 기억을
그 화가는 아홉 번이나 그렸다
반세기 전의 메아리가
점과 선과 면으로 바뀌어 이렇게
한 폭의 그림으로 되울려온 것
오랜 세월 지났어도 갓 칠한 듯
페인트 냄새 풍기며
최신작처럼 환하게 빛나는 유채화
밝은 화면의 한가운데 금방
화필을 잘못 떨어뜨린 듯
의도적 결점까지 남긴 수화(樹話)의 솜씨
러닝샤쓰 바람으로 땀 흘리며 그린
메아리의 흔적이
지난번 경매에 출품되어
30억 5천만 원을 호가했다고 한다
보름달보다 둥글고
백자보다 희고
두루미보다 높이 날아오르는
그림의 메아리

바다의 통곡

이리호 호반에서 혹시
존 메이너드*를 만나보았나
디트로이트와 버팔로를 왕복하는 페리선
조타수 존은 갑자기 화염에 휩싸인 배를
죽음 무릅쓰고 호반에 안착시켜 승객들
모두 구하고 자신은 조타실에서 탈출하지 못했다
그의 몸은 백여 년 전에 연기로 사라졌으나
그의 혼은 지금도 청동 기념판 속에 살아 있다
치욕스럽구나 영혼을 잃고 육신만 남은 무리들
진도 앞바다에서 세월호 침몰했을 때
3백여 승객 물결 사나운 맹골수로에 버려둔 채
자기들만 구명정 타고 육지로 도망친 선원 팀
승객의 귀중한 목숨보다 선주의 검은 돈을 위하여
선박의 평형수와 무게중심을 팔아먹고
가라앉는 배 속에 아이들 가두어 죽이고
침묵의 장막 뒤로 숨어버린 무리들
도저히 인간으로 용납할 수 없어
분노와 절망이 온 땅을 뒤덮었다

하지만 살아남은 우리 모두를 면목 없게 만든

그들이 우리의 동포가 아니라고

짐승만도 못한 어른들이라고

욕설만 퍼부을 수도 없지 않은가

목숨 잃은 어린 영혼들 너무 불쌍해

실종된 육신이라도 어서 돌아오라고 우리는

목메어 절규하는 수밖에 없는가

조금 사리 때맞춰 아무 일도 없었다는 듯

밀려왔다 물러가는 파도 앞에서

통곡하는 수밖에 없는가**

* 영역 졸시선 *The Depths of A Clam*(Buffallo, 2005) 출판 기념 행사로 2006년 4월 미국 낭독 여행을 갔을 때, 바다처럼 큰 오대호의 이리 호 호반에서 존 메이너드 기념판을 보았다.
** 2014년 5월 5일에 탈고한 졸시의 물음에 대한 대답은 지금까지도 "그렇다" 한마디뿐 아닌가.

온 세상 하얗게

부모님 차례 상에 지방을 붙이려니
무릎 꿇고 젖 먹던 어린양들 떠오르네
낯선 나라 작은 마을 뷔르바흐
언덕에 흩어져 풀 뜯던 양 떼
양! 양! 우리말로 불러보았지
다가가서 만져보고 싶은 양들
멀리서 바라본 지도 오래되었네
지지난 세기 마지막 양띠로 태어나
올해 백스무 살 되셨을 아버지
그 늙은 양의 아들로 태어난 내가
고희를 넘기고 지난해엔
젊은이들 떠나간 집에서
외로운 초헌관 되어
화이트와인 한 잔 제주로 올렸지
을미년 새 아침 올해는
아들 손녀 며느리 다 모여
조상님 영전에 절하고 음복하네
울부짖던 여우와 늑대 들

검은 그림자 모두 사라지고
새해에는 착한 양 떼가 온 세상
하얗게 퍼져가기 바라며

그늘 속 침묵

몇 차례 민원도 소용없었다
고층 빌딩이 맞은쪽에 완강하게 들어서며
우리 동네 자랑거리였던 크낙산이
사라져버렸다
해 뜨는 아침의 눈부신 산봉우리
소나무 숲 위로 떠오르는 보름달
모두 빌딩에 가려 보이지 않고
넓은 하늘도 절반이 잘려 나갔다
옥상 스카이라운지는 너무 높아
새들도 날아오르지 못하고
지하 주차장은 너무 깊어
엘리베이터 없이는 출입할 수 없다
햇볕이 모자라 주변 가옥의 앞뜰
화초와 뒷마당 나무들 시들어 죽고
고층 건물 모서리에 부딪혀
바람 소리 더욱 거세지고
매연과 소음이 뿌옇게 길을 뒤덮었다
수백 개의 창문에서 쏟아져 나오는

불빛 때문에 한밤의 어둠마저 빼앗기고
깊은 잠 이룰 수 없다
전망이 막힌 실내에 갇혀 온종일
TV채널이나 이리저리 돌리면서
대도시 생활이 이런 거지 뭐
고층 건물 그늘 속에서 오늘도
때 없이 라면 끓여 먹으며 하우스푸어
착한 주민들 그저 잠잠할 뿐

소쩍새 우는 소리

들어보아라
초여름 밤 뒷산에서
소쩍새 우는 소리
목이 쉰 듯한 그 소리
지난여름에도 들려왔다
한 해 전에 왔다 간 소쩌기
되돌아왔나 아니면 그 자손이 멀리서
우리 뒷동산 찾아왔나
몇 해가 지나도
달라지지 않았다
귀에 익은 소쩍 소쩍 소쩍……
올해도 때맞추어 들려온다
이것도 자기 모방일까
일종의 자기 표절일까
아니면 자기 정체성일까
소쩍새뿐만 아니라
뻐꾸기 꾀꼬리 뜸부기 왜가리……
노래하는 철새들

짖어대는 늑대와 개
돼지꼬리에 붙은 파리와 모기
모두에게 묻고 싶다
응답해다오

제4부 어제 넘어진 자리

아무도 모르는 별명

아빠는 왜 어른이 되어서도 노상
책상에 꾸부리고 앉아 있느냐고
고딩 아들놈이 면박을 주었다 그 당시
대입시험 준비에 찌들었던 이 녀석이
어느새 불혹의 나이에 접어들었는데도
늙은 애비가 여전히 서재를 떠나지 못하고
책을 뒤적이거나 원고지 메꾸는 꼴 보더니
새로 나온 회전의자를 고희 선물로 사 주었다
이 의자를 편리하게 뒤로 젖히고 앉아
두 다리 쭉 뻗어 낡은 와인 상자에 올려놓으면
책 읽기 편할 뿐만 아니라
창밖의 오동나무 바라보기도 좋다
넓은 나뭇잎에 빗방울 떨어지는 소리 듣다가 문득
두 발 받쳐주는 와인 상자가 고마워
내심 '지족'이라고 이름 붙여주었다
알 知, 발 足, 두 글자를 합친 이 별명을
아직 아무도 모른다

그 손

그것은 커다란 손 같았다
밑에서 받쳐주는 든든한 손
쓰러지거나 떨어지지 않도록
옆에서 감싸주는 따뜻한 손
바람처럼 스쳐가는
보이지 않는 손
누구도 잡을 수 없는
물과 같은 손
시간의 물결 위로 떠내려가는
꽃잎처럼 가녀린 손
아픈 마음 쓰다듬어주는
부드러운 손
팔을 뻗쳐도 닿을락 말락
끝내 놓쳐버린 손
커다란 오동잎처럼 보이던
그 손

부끄러운 계산

아무것도 숨길 필요 없는
가까운 벗 나의
온갖 부끄러움 속속들이 아는 친구
또 한 명이 떠나갔다 그렇다면
나의 부끄러움 그만큼 가려지고
가려진 만큼 줄어들었나
아니다
이제는 그가 알고 있던 몫까지
나 혼자 간직하게 되었다
내 몫의 부끄러움만 오히려 그만큼
늘어난 셈이다
기억의 핏줄 속을 흐르며
눈감아도 망막에 떠오르는
침묵해도 귓속에 들려오는 그리고
지워버릴 수 없는
부끄러움이 속으로 쌓여
나이테를 늘리며
하루 또 하루
나를 살아가게 하는가

빛바랜 사진

녹슨 조미료 양철 상자에 담긴
흑백 사진 몇 장
"엄마"라고 써놓은 누런 봉투 속에
유학 떠난 젊은 엄마 사진
몇 장 들어 있다
몇십 년 전 눈이 부시도록
환했던 엄마 모습
어린 딸은 이 사진들 소중히 간직하고
몰래 꺼내보았을 것이다
가슴 막히는 그리움 때문에
엄마가 다시는 돌아오지 않을 것 같은
막막한 절망 때문에 훌쩍거리며
눈물을 참고 또 참았던 안타까운
모습도 떠오른다
아득히 멀어져간 시간의 흔적
돌이켜보니 이제
늙은 애비의 가슴도 답답해진다
다시 꺼내보고 싶지 않은

빛바랜 사진들
차라리 불태워버리고 보지 말까
아니면 남겨놓고 갈까

다가오는 시간

비행기가 이륙한 뒤
일곱 시간쯤 되었을까
가슴이 답답하고 속이 메슥거려
안전벨트를 풀고 일어섰다
잠시 비틀거리다가 어느 결에
기내 화장실에 들어와 있었다
승무원이 다급하게 문을 두드리며
괜찮으냐고 물어서 태연하게 대답하고
자리로 돌아왔다 옆자리 승객이
또 괜찮으냐고 물었다 내가 나무토막처럼
통로에 쓰러졌다가 금방 다시 일어나
화장실로 들어갔다는 것이다
아마도 내 몸이 나를 떠났던
짧은 블랙아웃 순간에 나는
다른 세상에 갔다 왔는지도 모른다
뒤돌아볼 틈도 없이
여행 일정에 쫓겨 한 주일 보내고
다행하게도 무사히 귀국해서

여독을 풀었다 그러나
돌아온 지 일곱 시간이 지나도록
자동차 열쇠가 어디 있는지
생각나지 않았다
어디에 잘 두고 잊어버린 것인지
혹시 어디서 잃어버린 것인지
알 수 없었다
외지에서 저녁마다 포도주를 너무 마셨나
아니면 그 검은 시간이 나에게도
성큼 다가온 것일까
아무에게도 말할 수 없었다

벽강(璧江)은 마음 속에서

벽강*은 잠깐 외국에

나가셨나요

도쿄의 하네다 공항에서

뉴욕의 국제 PEN 대회에서

케냐의 나이로비 공항에서

함부르크의 란둥스브뤼켄 부두에서

비엔나의 도나우 강변 벤치에서

샌프란시스코 출항 태평양 여객선에서

그를 보았다고 합니다

벽강은 그동안 한국으로

돌아오셨나요

원산 송도원에서

서귀포 바닷가에서

해운대 파라다이스 스카이라운지에서

의왕시 내손동 계원대학 캠퍼스에서

장충동 한국현대문학관에서

그를 보았다고 합니다

먼 곳에서 가까운 곳에서

그를 본 사람들 참으로 많습니다

이제 그를 직접 만나볼 수는 없지만

그의 모습 어디서나 보이고

그의 목소리 어디서나 들립니다

벽강은 푸른 강물이 되어 우리 마음속에서

언제나 흐르고 있으니까요

* 전숙희(1916~2010): 수필가. 동·서 문학 교류에 크게 기여했음.

시간의 늪

옛날 사진들 뒤적이는 동안
잊었던 지난날 되살아나며
시간의 모래 속으로 스르르
발목이 빠져들고
무릎까지 잠기고
금방 가슴까지 묻혀버린다
어느새 턱까지 차올라 와
가슴이 답답하고
숨이 가빠진다
입과 코와 눈까지 묻히면 나는
사막의 모래 속으로 개미가 빨려 들어가듯
과거 속으로 사라질 것이다
왼쪽 다리와 심장과 귀와 눈
힘을 잃고 비스듬히 기울어진 채
온몸이 가뭇없이 사라지면
머지않아 내가 있던 자리에
빛바랜 사진 몇 장
이리저리 굴러다니다

없어지고 말 것이다 그리고
무수한 기억의 입자들이 바람에 밀려다니며
모래언덕이 되고
황막한 벌판이 되고 마침내
시간의 늪에 가라앉을 것이다
그러나 언젠가 아득한 뒷날
미나리마름처럼 되살아나겠지

여기까지

입원실을 나올 때 창밖으로 멀리
삼각산과 시계탑 건물이 보였다
이동침대에 실려 수술실로 가는 동안
81병동 복도의 하얀 천장이 지나가고
엘리베이터 안의 검은 무늬 벽면도 보였다
대기실의 창백한 형광등 아래
나와 똑같은 환자복을 입은 고객들이
시체처럼 꼼짝 않고 누워 있었고
간호사들이 시술 기구를 체크하고 있었다
마스크를 쓴 보조원이 나의
스트레처카를 밀고 들어갔다
환자 혼자 들어가는 길
ㄹ 자형 복도를 몇 번 꼬부라져
수술실로 들어섰다 이승에서 저승으로 넘어가듯
옆의 수술대로 몸을 옮기자 갑자기 등 쪽이
따뜻해졌다 팔다리를 수술대에 붙들어 매고
간단한 인적 사항 확인에 뒤이어
소공포로 얼굴 가리고 곧장

주삿바늘이 귀 아래 턱 밑을 찔렀다
지독한 아픔도 잠깐
몸이 어딘가 차갑게 굳어졌다
눈앞의 바깥세상이 덜컥 닫히고
물속에 가라앉은 노란 조약돌이 보였다
조상의 잔해와 같은 색깔
처음 보는 세상의 안쪽
여기까지 오기에 얼마나 걸렸나

밤낮

한밤중에 검은 우산 쓰고
어둠의 빗줄기 흩날리는
캄캄한 산속을 헤맸다
지척을 분간할 수 없어
늘어진 나뭇가지들 피하지 못했다
발을 헛디디고 넘어지며 왼손으로
꽉 붙잡은 것은 침실 머리맡
서랍장 모서리 같기도 했고
슬립 모드로 맞춰놓았던 오르간 둔주곡
악보를 메꾸던 왼손 같기도 했다
나의 비명에 스스로 놀라
눈을 뜨자 희끄무레 창문 윤곽이 드러나고
밖에서 들려오는 새벽의 소리
옆집 대문 안으로 요구르트병 밀어 넣고
골목으로 사라지는 오토바이
뒤이어 우리 집 우편함 달그락거리고
신문배달 스쿠터 소음이 멀어진다
그대로 누워 있을 수도

벌떡 일어날 수도 없는 시간
어슴푸레 이른 아침 밝아오고 모두들
기지개 켜면서 깨어나는데
어둠의 손목을 놓지 못하고 선하품
계속하다가 나 혼자 개잠에 빠져
또다시 캄캄한 미로를 헤맨다
가위눌린 채 허우적거리며
잠 못 이루는 밤 점점 길어지고
깨어나기 힘든 낮 자꾸 짧아지고

쓰지 못한 유서

무의미한 연명치료를 거부하는
사전의료지시서를 작성한 다음
시작할 엄두도 못 내고 오랫동안
미뤄왔던 문안을 이제야 몇 줄 적었다
변호사에게 맡기려고
다시 읽어보니 그러나
너무 통속적인 허튼 소리 아닌가
—나의 서재는 사후에 아르키프로 남겨라
저작권료 및 인세는 노처에게 상속하고
내가 타던 자동차는 아들에게 물려주고
늙은 진돗개는 딸이 돌보게 한다
동산과 부동산은 법에 따라 분할 상속하고
일부는 기념사업회에 기증한다
조상의 묘지와 위토는 절대로 팔아먹으면 안 된다
마당의 나무들은 한 해 걸러 거름을 주어야 한다
감이 열리면 늦가을에 이웃들과 나누어 먹고
지하실에 둔 와인은 손녀가 시집가는 날
하객들과 나누어 마셔라……

그러고 보니 후세에 남길 만한 멋진 말은
한마디도 없구나 아무래도
안 되겠다 이 문안을
북북 찢어버리고
다시 써야겠다 이렇게 시간을
끌다 보면 유서 한 장 제대로 못 남기고
세상을 뜨게 될지도 모르겠지만

어제 넘어진 자리

해가 떨어질 무렵
방부목 산책로에서 넘어져
네번째 요추를 다치고
8주 동안 허릿병 앓았다
겨우 걸을 수 있게 되어
넘어진 자리에 다시 와보니
위쪽 언덕에서 옛 절터 석축이 무너져
이따금 돌덩이 굴러 내리고
아래쪽 골짜기는 6·25 때
양민들이 목숨 잃은 곳
길가 숲 속으로 잽싸게 숨어드는
들고양이와 산족제비 들 부스럭대는 소리뿐
일부러 넘어지기도 힘든 곳 아닌가
여느 때 같으면 툭툭 털고 일어나
태연히 동네로 내려갔을 이 자리에서
느닷없이 쓰러진 지 두 달 만에
가까스로 몸을 추스른 늙은이 혼자
조촘조촘 발걸음 옮기고 있다

긴 그림자 힘겹게 끌고
헌 집으로 돌아가는 길

오늘이 바로 그날이다

아들 딸 며느리 사위 조카들까지 모여서
모처럼 생일잔치 벌여준 날
70년 전에 내가 태어난 날
오늘이 바로 그날이다
어머니 젖꼭지에 댓진을 발라
네 살짜리 막내아들
젖을 뗀 날
밤새도록 계속된 폭격이 겨우 멈춘 뒤
방공호에서 기어 나와
오래된 기와집 폭삭
주저앉은 꼴 믿을 수 없던
그날이 바로 오늘이다
머리가 허옇게 세고
눈물주머니가 아래로 처져
깜짝 놀라게 늙은 모습
거울 속에서 발견한 날
36년간 다닌 직장에서 등 떠밀려
퇴직하고

산길 내려오다가 넘어져
깁스를 한 채 목발 짚고
절뚝거리던 날
20년 동안 피우던 담배 끊고
다시 30년이 지나 마침내 술까지
끊게 된 날
심장혈관 전문의 진단을 받고
달라트렌 정과 아스트릭스 캅셀 매일 먹기
시작한 날
오늘이 그날이다
평생 써온 일기장에 먹칠을 하고
온 가족을 오래도록 괴롭히다가
마지막 눈물 한 방울 흘리고
세상 떠나는 날
내일이 내게서 사라져버리는 날
오늘이 바로 그날이다

한식행(寒食行)

수술 받고 퇴원하여 오랜만에
혼자서 성묘하러 갔다 직산말 산소벌
아버지 어머니 몇십 년 전에 묻히신 곳
봉분의 잡초를 몇 뿌리 뽑고
술 한 잔 올리고
넙죽 엎드려 절을 한 다음
음복술 병째로 다 마셨다
멧새 지저귀는 소리 옛날과 다름없지만
돌아갈 수 없는 어린 시절
잔디밭에 벌렁 누워
소나무 우듬지와 삼봉산 위에
떠도는 구름 바라보다가
태어나지 못한 나의 손자들
땅속 깊이 뛰어다니는 소리 들려
퍼뜩 낮잠에서 깨어보니
여기가 어딘가
돌아가신 아버지 어머니 곁
죽음처럼 안락했던 그곳
꿈결에 잠깐 다녀온 듯

오른손이 아픈 날

밤새도록 오른손이 아파서
엄지손가락이 마음대로 안 움직여서
설 상 차리는 데 오래 걸렸어요
섣달그믐날 시작해서
설날 오후에 떡국을 올리게 되었으니
한 해가 걸렸네요
엄마 그래도 괜찮지?
(남편과 자식 뒷바라지에 시달려
이제는 손까지 못쓰게 된 노모가
외할머니 차례 상에 술잔 올리며
혼자서 중얼거리네)
눈물은 이미 말라버렸지만
귀에 익은 목소리 들려와
가슴 막히도록 슬퍼지는 때
오늘은 늙은 딸의 설날
까치 까치 설날은
어저께였지

그대 가 있는 곳

그대*도 알다시피 우리
부모는 벌써 오래전에 돌아가셨고
가족은 물론 많은 친지들이 이미
세상을 떠났네 우리 또래
글쟁이들 가운데서도 적잖은
시인 소설가 평론가 들이 앞서거니
뒤서거니 그곳으로 떠나갔지 이제는
내가 아는 사람들이 이곳보다
그곳에 더 많아진 것 같군
그대가 우리 곁을 떠난 것
아직도 믿기 어렵지만
어언 한 해가 지났으니 그동안
먼저 간 사람들
그곳에서 모두 만났겠군
우리 이곳에 남아
먼저 간 그대 그리워하네만 머지않아
우리도 그곳으로 따라갈 터이니
이곳에서 늘 그랬듯이 그곳에서도

우리를 반갑게 맞아주게

환한 웃음으로 빛나던 얼굴

넉넉한 마음씨

믿음직한 그대를 다시 만날 생각하니

이미 그대 가 있는 곳

그곳으로 가는 길이 이제는

조금도 두렵지 않네

나에게 손짓하는 그대 모습

아련히 보이고

우리를 부르는 그대 목소리

귓전에 감도네

우리도 곧 갈 터이니

기다려주게 그대 가 있는 곳

어디인지 아직도 모르지만

* 김치수(1940~2014): 문학평론가, 불문학 교수.

지나간 앞날

대학병원 영안실 뒤에 두고
창덕궁 돌담길 따라
율곡로를 걷는다
소녀 시절처럼 혼자서
타박타박 걸어간다
차가 별로 다니지 않던 시절
플라타너스 가로수 줄지어 선
이 길을 걸어서
학교에 오고 갔었지
예측할 수 없던 그때의 앞날이
어느새 슬픈 옛날로 굳어버린 오늘
시간의 긴 흔적 간곳없고
온 세상이 조여드는 듯
마음은 왜 이렇게 답답한지
평생의 동행 먼저 보내고 혼자서
남은 길 타박타박 걸어가는
늙은 소녀의 먼 뒷모습
노을이 번지는 서쪽

어딘가 도착하겠지 그곳에서
다시 만나게 될까
새로 시작하게 될까
들리지 않는 목소리
눈물도 없이
우우우

크낙산 가는 길

크낙산 가는 길 잘못 들어서
의정부 외곽도로 헤매다가 갑자기
길가에 차를 세우고 FM 라디오에서 흘러나오는
선율에 귀 기울였다 혹시
바흐의 변주곡 후반부 아닐까
언젠가 들어본 것 같기도 하고
처음 듣는 것 같기도 한 그 소절을
똑똑히 기억할 수 없어 안타까웠다
귓전을 감도는 그 쳄발로 소리에
정확한 제목을 붙일 수는
없었다 이처럼 "아! 그것"이라고
말할 수밖에 없는
풍경을 한 번 본 적도 있다
괴팅엔으로 달려가는 지방도로 근처
어느 호수 곁을 지나가다가
호반의 거대한 느티나무 아래
벤치에서 늙은 남녀의 뒷모습을
발견한 순간 길가에 차를

세우고 멀리서 한동안 바라보았다
어디서 본 것 같기도 하고
처음 보는 것 같기도 하고 어쩌면
앞으로 저렇게 보일 내 모습 같기도 했다
모를 일이었다 그야말로
어떻게 형언할 수 없는
소리와 모습
귓가에 들릴 듯 말 듯
눈앞에 보일 듯 말 듯
그것들을 끝내 말하지 못한 채 언젠가
아쉽게 입을 다물 것 같았다

유기적 공감의 축복

이숭원

1

많은 사람들이 지금도 애송하는 김광규의 시 「희미한 옛사랑의 그림자」의 매력은 어디서 오는가? 화자가 이야기하는 내용을 우리가 직접 들여다보듯이 하나하나의 디테일을 사실적으로 그려낸 관찰과 묘사의 치밀성에서 온다. 디테일의 정확한 묘사와 거기서 환기되는 정황의 사실성이 이 시를 거듭 읽게 하는 견인력의 중심을 이룬다.

그의 초기 시 「어느 지사의 전기」 「묘비명」 「오늘」 「상행」 등은 독특한 아이러니의 어법을 구사하여 평범한 삶의 이면에 도사리고 있는 허위와 허망을 폭로했다. 이 시편들은 일상생활에서 우리들이 보람으로 알았던 것이 사실은 무의미한 관습에 불과하며 삶을 치장하는 겉치레에 해당한다는 인식의 전환을 보여주었다. 평범한 일상의 어법을 사용한 것도 일상성 속에 도사리고 있는 삶의 허망함과 인간의 왜소함을 변형 없이 그대로 보여주고자 하는 시적 전략의 일환이다. 그래서 그의 시는 평범한 것을 통해 심오한 의미를 드러내고 비범한 진술을 통해 일상의 진실을 드러내는 교묘한 전위의 구조를 형성한다. 평범과 비범의 전이를 통해 작품의 임팩트를 강화한 것이다.

우리를 사로잡는 김광규 시의 매력은 일상적인 생활의 언어가 창조하는 의미의 다층적 배치와 그것의 통섭에 있다. 그처럼 친근한 어법으로 시 읽는 재미와 삶의 깨우침을 동시에 안겨준 시인은 우리 시사에 흔치 않다. 그런 점에서 그의 시는 분명 우리 시사에 독보적인 자리를 점유한다. 최근 4년간의 시를 모은 그의 열한번째 시집에도 언어의 장력과 시의 자장이 독특한 빛을 펼쳐낸다. 나는 이 글에서 다른 시인의 작품과 구분되는 김광규 시의 변별점에 주목하려 한다. 그의 시를 다른 시와 분명하게 구분 짓게 하는 그만의 개성이 무엇인지, 그 개성이 시 창조에 어떤 기여를 하며 독자에게 어떤 효과를 주는지 살펴보도록 하겠다.

2

시인 김광규의 어조는 부드러우며 인상은 온화하고 음성에는 우아한 울림이 있다. 그의 독일어 시 낭송이 원어민의 시 낭송보다 음악적 윤기를 더 자아내는 것은 그의 음색과 어조 때문이다. 그는 독일어의 격음을 유성음에 가깝게 발성한다. 이것은 그의 체질에서 빚어진 것이기에 누구도 모방할 수 없다. 이 독특한 체질이 그의 창작시에도 개성적 향취를 불어넣는다. 이제마의 사상체질이나 히포크라테스의 체액설로 설명할 수 없는 그만의 독특한 개성은 음성과 어조와 인상이 통섭을 이룬 어느 지점에서 발현된다. 그것은 분해될 수 없는 융합이 선사하는 여유와 관조의 자세다. 지구가 두 쪽이 나거나, 삼천리강토가 불바다가 되어도 그의 여유는 뒤로 물러서지 않을 것이다. 여유는 대상과 거리를 두게 하고 심미적 거리는 유머러스한 화법을 만들어낸다.

잃어버린 목도리를 소재로 한 「까만 목도리」를 보면, 그가 애용하는 목도리를 소개하면서 "어디 있나 찾을 때마다/장난삼아 둘째 음절에 악센트를 주었던/나의 부드러운 [목도:리]"라고 하는 구절이 나온다. 이 부분을 읽으면, 화자가 '목도리'를 어떻게 발성했는지 그때의 부드러운 억양과 표정이 충분히 연상이 된다. 이것은 우리 입가에 잔잔한 미소를 머금게 한다. 그의 시가 드러내는 밝은 유머 감각은 삶의 여유와 연결되지만, 때로는 삶의 아쉬움이나 허전함도 감싸 안는다. 그래서 목도리를 잃어버린 아쉬움이 세상사에 대한 각성으로 전환되고 평정한 마음에 이른다.

어린 시절의 회상은 재미와 아쉬움을 동시에 불러일으킨다. 「어리석은 새잡이」는 어린 시절 바구니 아래 모이를 뿌려놓고 참새를 잡으려 했던 일을 회상한 작품이다. 지극히 모범적인 어린이가 참새잡이에 성공하는 일은 거의 없다. "빈 바구니만 마구 밟아 못쓰게 만든/어리석은 새잡이/살림꾼 어무니에게 혼쭐나게 야단맞고/그만둔 지 육십 년"이라는 끝 부분은 참새도 제대로 잡지 못한 어리석음이 60년을 지속했다는 아쉬움과 함께 천진한 시절을 회상하는 즐거움을 함께 선사한다. 이 부분에서 웃음을 촉발하는 요소는 "살림꾼 어무니"라는 대목이다. 어린 막내아들의 재주 없음을 누구보다 잘 아는 어머니에게 참새잡이 장난이 귀엽기 그지없는 것이었겠지만, 허술한 댕댕이바구니까지 아껴 사용하던 어머니의 입장에서는 따끔하게 야단쳐야 할 행동이기도 했을 것이다. 이러한 양면을 다 포괄한 공감의 유머가 위와 같은 시행으로 정착된 것이다.

앞에서도 언급했지만 김광규 시인의 아이러니 어법은 상황의 복합성을 드러내는 데 상당히 중요한 역할을 한

다. 그의 시의 반어나 풍자가 온화한 기품을 유지하는 것
은 비판의식의 뒤를 유머가 든든히 받쳐주기 때문이다.
문학 심사와 관련된 현실의 문제점을 알레고리 기법으
로 비판한 「석불당 새소리」 같은 시도 유머가 전면에 흐
르고 있어 풍자의 날카로움이 유연하게 연화된다. 그만
이 쓸 수 있는, 재미있으면서도 깊은 주제가 담긴, 그래
서 몇 번이나 거듭 읽게 만드는 작품들은 대부분 부드러
운 풍자에 반어의 묘미가 결합된, 그래서 유머의 윤기가
잔잔하게 흐르는 정교한 수공예품들이다.

집집마다 동냥 다니다 보면
인심은 나날이 각박해졌다
초인종을 몇 번씩 눌러야
문을 빠꼼히 열고
겨우 잔돈 몇 푼 주거나
쌀 한 공기 퍼 주는 것이 고작이었다
산나물 한 접시를 덜어 주거나
마당의 나무에 매달린 감
몇 개 따 주는 집도 드물어졌다
그런데 오늘은 어느 집에서
책을 한 권 주었다
얄팍한 시집이었다
마음의 보시라 할지라도

먹지 못할 공양 받을 수 없어

합장만 하고 돌아섰다

해어진 옷가지 빨랫줄에 걸린

이 허름한 슬레이트 지붕 아래 그럼

말로 절을 짓는

시인이 살고 있단 말인가

세속의 명성은 알 수 없으나

다시 오고 싶지 않은 집이라고

휴대폰에 저장했다

—「고금(古今)」 전문

　이 시의 화자는 탁발승이다. 처음에는 각박해진 인심
을 개탄하며 동냥 얻기 어려워졌음을 털어놓았다. 중간
에 한 집을 방문하며 이야기의 반전이 온다. 그 집에서는
잔돈이나 곡식 대신에 얄팍한 시집 한 권을 준 것이다.
화자가 원하는 것이 아니기에 그것을 받지 않고 돌아섰
다. 그 집의 허름한 슬레이트 지붕 아래 해어진 옷가지가
빨랫줄에 걸려 있음을 날렵하게 포착했다. 가난한 시인
의 집인 것이다. 화자는 "다시 오고 싶지 않은 집이라고/
휴대폰에 저장했다". 옛날의 풍경을 서술하는 줄 알았는
데 끝맺음은 현대의 상황으로 설정 변주되어서 읽는 재
미가 진진하다. 시인은 가난하며 탁발승에게 줄 것도 없
는 존재다. 말로는 절을 지어도 먹고사는 일에는 무관심

하다. 흥미로운 것은 시집 공양을 사양한다는 점이다. 제
목인 '고금(古今)'은 여기에 의미 한 층을 더 보탠다. 시
인의 현세적 효용이 약한 것은 예나 이제나 마찬가지라
는 뜻이다. 고금에 한결같은 시인의 위상을 탁발승과 휴
대폰을 병치시켜 표현한 데 이 시의 묘미가 있다. 이런
방법은 김광규의 시 아니면 다른 데서 보기 어렵다. 다음
작품도 그러하다.

    50년 전에 왔을 때도 그랬다
    7층석탑이 3층으로 줄어들 때까지
    용맹스런 인왕(仁王)들은 꼼짝 않고 서 있었다
    기단(基壇) 네 귀퉁이에 앉아서
    1천 3백 년이 지나도록 옛 절터를 지켜온
    돌사자 네 마리
    서라벌 비바람에 삭아들어
    머리가 물개처럼 둥그렇게 마모되고
    앞발의 사나운 발톱들 모두 닳아빠졌다
    북쪽의 변경에서 가장 멀리 떨어져
    신라의 찬란힌 역사
    이처럼 귀여운 모습으로 남았다
    천년고도를 1박 2일에 보려는
    관광객들 대릉원 근처에서 붐비고
    한정식집과 승용차 들 나날이 많아지고

아마 50년 후에도 그럴 것이다

얼굴 윤곽 사라진

돌사자 어깨를 쓰다듬으며

석탑을 배경으로 사진 찍는 사람들

그 가운데는 아직 태어나지 않은

친구들도 많을 것이다

　　　　　　　　　—「돌사자 곁에서」 전문

　경주 대릉원에는 신라 시대 고분과 유적이 모여 있다. 불탑을 수호하는 역할을 한 인왕상과 돌사자는 오랜 세월 비바람에 마모되어 옛날의 용맹스러움은 사그라졌다. 7층 석탑은 3층으로 주저앉고 사자의 머리는 물개처럼 둥그렇게 변했으며 발톱들은 모두 닳아버렸다. 그 변화를 시인은 "신라의 찬란한 역사/이처럼 귀여운 모습으로 남았다"고 표현했다. 사자의 갈기가 닳아 물개 머리처럼 매끈하게 되었으니 그리 표현할 만하다. 천진해 보이는 이 유머의 이면에는 슬픔의 물살이 흐른다. 그것은 50년이라는 시간의 흐름 때문이다. 천 년이 넘는 시간의 단위에 비하면 50년은 잠깐이겠지만, 인간에게 50년은 일생의 반에 해당한다. 이십대 청년 시절에 와 보았던 대릉원은 칠십대 노년의 눈에도 달라진 것이 별로 없는 것 같다. 지금 귀엽게 보이는 돌사자 상은 그때에도 그런 모습이었을 것이다. 세태는 무서운 속도로 변하지만 무량

한 시간을 견딘 유적은 달라지는 것이 별로 없다.

50년 후에도 이곳에는 사람들이 모여 이와 같은 풍경을 이룰 것이다. 풍경은 달라지지 않으나 50년 후에 시인은 지상에 존재하지 않을 것이다. 그것을 직접 말하지 않고 "그 가운데는 아직 태어나지 않은/친구들도 많을 것이다"라고 돌려 말했다. 50년 후 이 자리에 올 50세 미만의 사람들은 모두 아직 태어나지 않은 사람들이다. 그러나 이 사실을 제대로 인식하는 사람은 드물다. 대릉원 유적이 그대로 있듯 인간도 그 자리에 머물러 있다고 착각한다. 그러나 유적을 보는 사람들은 시간의 흐름에 따라 밀물과 썰물이 교차되듯 바뀌는 것이다. 시간의 흐름과 그것에 따른 인간의 생사전변의 이치를 이렇게 무심하게 지나가는 어조로 언급한 시는 흔치 않다. 이것이 바로 앞에서 말한 김광규 시인의 독특한 개성, 유머에 바탕을 둔 여유의 시선이다.

3

그의 시의 개성적 특징인 유머와 여유가 그것만으로 모습을 나타내는 경우는 거의 없다. 그것은 대부분 그의 또 다른 특징인 섬세한 관찰과 결합되어 시에 표출된다. 「희미한 옛사랑의 그림자」가 지닌 시대를 초월한 매력이 디테일의 사실성에서 온다는 얘기를 앞에서 했는데, 사실적 디테일을 창조하는 능력이 바로 섬세한 관찰이다. 이것은 위에 인용한 두 편의 작품에서도 충분히 실감할 수 있는 요소인데, 섬세한 관찰이 두드러진 작품을 몇 편 예로 들면 이해가 더 빠를 것이다.

「빗소리」의 도입부에 여름 나뭇잎들을 묘사하는 장면이 있는데, 그 부분을 시인은 "손가락 마디만 한 대추나무 잎/한 뼘쯤 자라서 반짝이는 감나무 잎/어느새 탁구공만큼 커진 밤송이/쟁반처럼 넓은 후박나무 잎/더위에 지쳐서 떨어져버린/능소화 주황색 꽃잎 들"로 표현했다. 잎들의 크기와 생김새에 맞게 보조관념을 대치하면서 운율감 있게 나열한 묘미가 생생히 감촉된다. 「녹색 두리기둥」은 버려진 시멘트 전신주에 담쟁이덩굴이 기어 올라가 '녹색 두리기둥'을 만드는 과정을 점착력 있게 관찰하여 표현했다. 장시간에 걸친 관찰의 이력이 없으면 탄생할 수 없는 작품이다. 「가을 소녀」는 어떠한가? 들판에서 양 떼를 지키며 기도하는 소녀의 모습과 스마트폰으로 카카오톡에 열중하는 소녀의 모습을 병치하여 그 두 장면이 다르지 않음을 보여주면서 과거와 현재가 교차하는 미묘한 영상을 창조했다. 디지털 세상의 불모성에 대해 경계심을 느끼면서도 그럼에도 불구하고 소녀의 순정성은 여전히 지속되리라는 조심스러운 낙관적 전망을 치밀한 관찰의 힘으로 표현한 작품이다. 다음 작

품에서도 섬세한 관찰이 시의 의장으로 눈부시게 승화
하는 모습을 볼 수 있다.

아침나절 벽돌담 위에 대나무 소반
새 모이 주려고 올려놓았다
참새들 떼 지어 날아와 짹짹거리며
음식 찌꺼기 쪼아 먹는다
때로는 박새도 몇 마리 찾아온다
유리창으로 그 예쁜 모습 지켜보면
숨죽일 사이도 없이 금방
날아가버리고 산수유 나뭇가지에서
직박구리 한 쌍 내려앉아
날렵한 몸매로 긴 꽁지를 흔든다
한동안 사방을 두리번거리다가
얼른 빵 부스러기 한 쪽 입에 물고
또 여기저기 살펴보다가
단숨에 꿀꺽 삼킨다
주위를 살피는 시간은 꽤 길고
먹이를 삼키는 순간은 아주 짧다
(시 쓰기와 비슷하지 않은가)
뒤이어 산비둘기와 까치가 다녀가고
저녁때는 옆집 고양이가 살금살금 다가와
냄새만 맡고 돌아간다

날이 저물어 새 모이 소반

어둠 속으로 사라지면

밤하늘 날아가는 기러기 행렬

끼룩거리는 소리 들려온다

오늘도 시를 쓰지 못했구나

———「새와 함께 보낸 하루」 전문

이 시에도 참새, 박새, 직박구리, 산비둘기가 연이어
등장하면서 그것에 맞는 상황이 묘사되고 있다. 치밀한
관찰이 없으면 나올 수 없는 구절이다. 새와 함께 하루를
보내야 나올 수 있는 시다. 나 같은 경우에는 사전을 찾
아야 생김새를 짐작할 수 있는 직박구리가 빵 부스러기
를 삼키는 거동을 정밀하게 묘사한 대목은 장면이 영상
으로 머리에 그대로 떠오를 정도로 사실적이다. 이 대목
을 정밀하게 묘사한 것은 직박구리의 동작이 깊은 인상
을 남겼기 때문이며 그것이 시 쓰기의 과정과 비슷하다
는 생각이 들었을 것이다. "주위를 살피는 시간은 꽤 길
고/먹이를 삼키는 순간은 아주 짧다"로 그것을 간략히
표현했다. 이 시행은 많은 것을 생각하게 한다. 관찰과
사색의 시간은 길고 창작의 순간은 짧다는 뜻도 되고, 창
작에 들이는 공력의 시간은 길고 거기서 만족을 얻는 순
간은 짧다는 뜻도 담겨 있는 것 같다. 시인이 새의 동작
을 관찰하면서 시 쓰기의 과정을 연상했다는 것은 시인

의 관심이 시 쓰기에 쏠려 있다는 사실을 알려준다. 그의 관찰과 사색은 시를 쓰기 위해 열려 있다.

그의 밝은 시선은 사소한 대상 하나도 그냥 지나치는 법이 없다. 첫 행인 "아침나절 벽돌담 위에 대나무 소반" 같은 구절도 하나하나의 세목을 그대로 제시했다. 예술은, 그리고 문학은 언제나 구체의 세계를 지향한다. 문학은 구체적 상황을 더욱 구체화하여 감각적 재구성이 가능하도록 디테일의 묘사에 집중한다. 그러한 구체화의 과정은 시에서 매우 중요한 기능을 한다. 시간과 장소를 구체적으로 제시할 때 묘사의 대상이 살아 움직이는 영상으로 우리 머리에 떠오르게 된다. 플로베르가 왜 그렇게 공을 들여 대상을 정밀하게 묘사하려 애를 썼겠는가? 인간의 생동하는 실상을 그대로 그려내고 싶어서 몸부림친 것이다. 시인도 마찬가지.

막연한 어느 시점도 아니고 한정된 한 시점도 아닌, "아침나절"에, 자신의 거주지 "벽돌담 위에", 늘 사용하는 "대나무 소반"에 모이를 담아 올려놓은 것이다. 이 디테일이 선행되어야 그다음의 장면들이 시적 의미를 갖는다. 대상의 생동하는 실상이 시아에 부딪쳐 와야 시가 탄생하는 것이다. 그렇게 공을 들인 관찰과 묘사와 사색의 시간은 길고, 시 한 줄이 탄생하는 순간은 짧다. 한 줄의 시행이 구성되면 또 한 줄의 시행을 얻기 위해 이러한 구체화의 시간을 또 보내야 할 것이다. "오늘도 시를 쓰지 못했구나"라는 마지막 시행은 시 창작을 종심(從心)의 본업으로 삼은 시인의 아쉬운 탄식이다. 50년 후 그에게 남을 것이 시 외에 무엇이 있겠는가?

4

여유 있는 유머의 시선으로 대상을 관찰하고 거기서 얻은 사색을 시로 표현할 때 창조의 화학적 변화가 일어난다. 거기서 가장 중추적 역할을 하는 것은 김광규 시인의 경우 공감의 능력이다. 여기서의 공감은 사람과 사람 사이의 공감만을 말하는 것이 아니다. 이것은 사람과 사람, 사람과 자연, 자연과 자연, 주체와 타자 사이의 공감을 전부 포괄한다. 비유해서 말하면 유기적 공감, 거창하게 말하면 우주적 공감이라고 할 수 있다.

새해 초하루에 함박눈 펄펄 쏟아졌다
미끄러운 눈길을 달려
차례 지내러 온 꼬마 손님들이 눈 덮인
뒷마당 풀밭 한가운데
조그만 눈사람 만들고 그 둘레에
눈으로 얕은 성을 쌓아놓았다
설날은 세배객 맞이하며 바쁘게 지나갔고

이튿날 그것을 발견했다

눈 치우려던 넉가래

담벼락 한구석에 세워놓고

제설 작업 그만두었다

한쪽 눈썹 떨어져버린 그 눈사람과

눈으로 쌓은 그 둥그런 성

그대로 두고 보기로 했다

천천히 눈이 녹은 그 자리에서

연녹색 새싹들이 돋아날 때까지

그냥 기다리기로 했다

—「설날 내린 눈」 전문

    지구 온난화의 영향으로 요즘은 눈도 별로 쌓이지 않고 스마트폰 오락 덕택에 아이들이 모여 시끄럽게 노는 일도 줄었다. 함박눈이 내리는 설날 미끄러운 눈길을 달려 꼬마 손님들이 차례 지내러 왔다니 경이로운 풍경이다. 부모들의 정성이 갸륵하다. 다행히 마당이 있는 집이라 아이들이 눈을 굴려 눈사람을 만들고, 눈사람을 보호하려는 듯 얕은 성도 쌓아놓았다. 어렷이 모여 차례 지내는 집에서 볼 수 있는 아름다운 장면이다. 집주인인 화자는 이튿날에야 그것을 보았다. 넉가래를 들고 눈을 치우던 화자는 그 아름다운 화폭을 그냥 놓아두기로 했다. 꼬마 손님들의 정성이 담긴 눈사람과 얕은 성을 언제 다시

보게 될 것인가? 앞으로 얼마나 더 볼 수 있을 것인가? 상대적 가치로는 환산하기 어려운 눈사람 나라의 본래적 가치를 받아들이는 방법은 '그대로 두고 보는 것'이다. "천천히 눈이 녹은 그 자리에서/연녹색 새싹들이 돋아날 때까지/그냥 기다리기로 했다"는 마지막 시행은 그야말로 천천히 음미할 필요가 있다. 광속으로 움직이는 스마트한 세상에서 눈이 자연스럽게 녹고 땅의 기운이 풀려 연녹색 새싹이 돋아날 때까지 시간의 속살을 음미하듯이 그냥 지켜보는 것이 우리가 할 일이다. 지켜보지도 말고 그냥 가끔 눈길을 주는 것이 우리가 할 일이다.

이 시에는 여러 겹의 공감이 복합적으로 작용했다. 차례 지내러 온 가족들과 화자의 공감, 눈을 보고 자진해서 눈사람 나라를 만든 아이들의 자연과의 공감, 그 눈사람 나라를 만든 손주들의 마음에 대한 할아버지의 공감, 인간과 자연의 합작품인 눈사람 나라를 대하는 화자의 공감, 인간과 자연을 경계 없는 하나의 울타리로 포용하는 시인의 공감이 이 시를 형성한 다층의 케이블이다. 이것을 나는 인간과 인간, 인간과 자연이 융합해 이루는 유기적 공감, 우주적 공감이라 부른다. 유기적 공감, 우주적 공감이 인간사의 회로에 닿으면 다음과 같은 시가 창조된다.

며느리가 입던 재킷

팔소매 걷어 올리고

아들의 해어진 청바지

엉덩이에 반쯤 걸치고

손녀가 신다가 버린 운동화

뒤축 찌그려 신고

재활용 쓰레기터에서 주워 왔나 짝퉁

명품 핸드백을 목에 걸었네

가난에 찌들어 눈빛도 바랬고

온 얼굴 가득 주름살 오글쪼글

지하철 공짜로 타는 것 말고는

늙어서 받은 것 아무것도 없네

견딜 수 없이 무더운 한여름이나

한강이 얼어붙는 한겨울이면

홀로 사는 지하실 구석방을 나와

지하철 노약자석에서 하루를

보내는 쪽방 할머니

땅에서 태어나 땅속으로 돌아다니는

우리의 외로운 조상

어디로 옮겨 가셨니

요즘은 보이지 않네

—「쪽방 할머니」 전문

이 시에도 김광규 시인의 장기인 관찰과 묘사의 역량

142

이 유감없이 발휘된다. 며느리가 입던 재킷이니 팔이 짧은 할머니는 소매를 올려 입어야 하고, 아들이 입던 청바지니 엉덩이까지 흘러내릴 수밖에. 쓰레기통에서 주운 것 같은 짝퉁 핸드백을 목에 걸고 어디론가 가는 할머니가 있다. 사회에서 이 할머니를 공식적으로 대접해주는 것은 지하철 무료 탑승 혜택. 할머니는 지하철을 타고 어디든 갈 수 있다. 여기까지는 독거 할머니에 대해 얘기할 때 누구든 나올 수 있는 사항이다. 다음 대목은 쪽방 할머니의 생활사를 알지 못하면 나올 수 없는 이야기다. 할머니의 소득은 없지만 아들과 딸이 있기 때문에 독거노인 지원금도 받지 못하는 처지일 것이다. 이런 노인이 뜻밖에 많다는 것을 이번 기회에 알게 되었다. 이들이 여름과 겨울에 지하철에서 하루를 보내는 것은 쪽방에서 더위와 추위를 견디기가 어렵기 때문이다. 할머니의 처지에 대해 "땅에서 태어나 땅속으로 돌아다니는"이라고 요약적으로 표현한 것은 절묘한 압축이다. 땅속 지하철이 더위와 추위를 피할 수 있는 할머니의 생활공간이 된 것이다.

다음에 나오는 "우리의 외로운 조상"이라는 표현은 많은 사색을 요구한다. 그 할머니가 어떻게 우리의 조상이 될 수 있을까? 땅속으로 돌아다니니 저 옛날 선사시대에 동굴에서 생활하던 시절을 떠올려 그렇게 표현한 것일까? 아니면 우리도 늙으면 그렇게 외로운 존재가 될 것이라는 생각에 우리의 조상이라고 한 것일까? 어떤 경우든 이 할머니의 모습에 동정과 연민을 느꼈기에 이런 표현이 나온 것은 틀림없다. 그러나 동정과 연민이라고 하기에는 "우리의 외로운 조상"이라는 표현에 커다란 중량감이 있다. 아무리 동정과 연민을 느낀다고 해도 쪽방 할머니를 "우리의 외로운 조상"이라고 여기는 사람은 거의 없다. 내가 유기적 공감, 우주적 공감이라는 말을 쓴 것은 이 중량감을 표현하기 위함이다. 할머니는 우리가 알 수 없는 무선 회로로 우리의 삶과 연결되어 있는 우리의 조상이다. 우리가 인식하지 못해서 그렇지 그 할머니의 숨결에서 우리가 태어나고 그 할머니의 손길로 우리가 자라났다. 이러한 공감에서 나온 연민이기에 이 연민을 유기적 연민, 우주적 연민이라고 읽을 수 있다.

이 할머니처럼 살든 다복한 삶을 살든 언젠가는 검은 죽음의 시간이 찾아와 우리를 알 수 없는 세계로 끌고 가는 것은 차이가 없다. 시인은 몇 년 전 수술 체험을 통해 삶 너머의 공간을 잠시 엿보는 상상을 다음과 같이 하기도 했다.

눈앞의 바깥세상이 덜컥 닫히고
물속에 가라앉은 노란 조약돌이 보였다
조상의 잔해와 같은 색깔
처음 보는 세상의 안쪽

여기까지 오기에 얼마나 걸렸나

—「여기까지」 부분

　나이가 들면 누구든 우리가 눈으로 보던 바깥세상과
는 다른 미지의 죽음의 세계를 예비하게 될 것이다. 죽음
의 준비에 있어서도 공감의 축을 지닌 사람과 그렇지 못
한 사람은 뚜렷한 차이를 보인다. 누구든 맞아야 할 세계
이고 누구든 넘어야 할 벽이라면 두려움 없이 여유 있게
검은 시간을 맞이할 준비를 할 필요가 있다. 어떻게 사는
가도 중요하지만 어떻게 죽는가도 중요한 일이다. 시인
은 가시적 세계 너머의 상황도 그렇게 어둡게 대하지 않
는다. 면례(緬禮)를 위해 조상의 봉분을 열었을 때 보았
던 "조상의 잔해와 같은 색깔", 어린 시절 물놀이할 때
보았던 "물속에 가라앉은 노란 조약돌"의 모습으로 그것
을 대하고 있다. 유기적 공감이 우주적 화합으로 확대되
는 장면이다.
　이런 공감의 축을 지니고 있기에 「오른손이 아픈 날」
에서 노모를 바라보는 화자를 설정하여 친정어머니 차
례상에 아픈 손으로 술잔을 올리는 늙은 딸의 설날 풍경
을 보여줄 수 있었다. 더 나아가 「지나간 앞날」에서 남편
을 먼저 보낸 늙은 소녀의 입장이 되어 "남은 길 타박타
박 걸어가는" 쓸쓸하면서도 그윽한 뒷모습을 하나의 화
폭으로 그려낼 수 있었던 것이다. 이것이 어찌 우연이겠

는가? 모두 우주적 공감이 여유 있는 사유와 섬세한 관찰과 결합되어 이룩한 시적 창조의 축복이요 진경이다. 이것이 개인의 성취에 국한된 것이 아니라 우리 시사의 진경이자 축복임을 부정할 사람은 없을 것이다. ▨